云南大学周边外交研究中心智库报告

缅甸政治经济转型对中国在缅投资的影响与对策研究

IMPACTS OF MYANMAR'S POLITICAL
AND ECONOMIC TRANSITION ON FOREIGN INVESTMENT
FROM CHINA AND THE COUNTERMEASURES

卢光盛　著

社会科学文献出版社
SOCIAL SCIENCES ACADEMIC PRESS (CHINA)

云南大学周边外交研究中心学术委员会名单

主 任 委 员：郑永年

副主任委员（按姓氏笔画排序）：

江瑞平　肖　宪

委　　　员（按姓氏笔画排序）：

王逸舟　石源华　卢光盛　刘　稚　李一平

李明江　李晨阳　陈东晓　张景全　张振江

范祚军　胡仕胜　高祖贵　翟　崑　潘志平

《云南大学周边外交研究中心智库报告》编委会名单

编委会主任：林文勋

编委会副主任（按姓氏笔画排序）：

  杨泽宇 肖　宪

编委会委员（按姓氏笔画排序）：

  卢光盛 刘　稚 毕世鸿

  李晨阳 吴　磊 瞿　崑

前　言

1. 背景与问题

缅甸有着重要的地缘政治经济意义，是我国构筑和谐周边与拓展印度洋战略的重要合作对象，是我国重要的资源能源战略合作伙伴，也是我国企业"走出去"的重要市场。在过去的20年里，随着中缅关系的巩固和西方对缅甸制裁的升级，中缅两国一直保持着一种特殊友好的关系。截至2012年，中国对缅投资总额达140多亿美元，约占缅甸外资的50%，是缅甸的第一大投资来源国。2010年大选是缅甸政治发展的重要分水岭，缅甸由军人政权转型为民选政府，陆续在政治、经济、社会等领域进行了一系列重大改革，呈现出政治生态多元化、经济社会利益复杂化、国内外各种力量竞争激烈化的特点，给中缅关系、中国在缅投资带来了重大影响和挑战。[1] 继

---

[1] 卢光盛、金珍：《缅甸政治经济转型背景下的中国对缅投资》，《南亚研究》2013年第3期。

2011年9月缅甸政府宣布搁置中国投资的密松电站，2012年11月发生针对莱比塘铜矿的大规模抗议事件之后，2015年1月缅军抓捕中国伐木工的事件，再次引发中缅国内甚至国际社会的高度关注。2015年11月8日，缅甸举行了新一轮大选，昂山素季领导的全国民主联盟取得了压倒性的胜利。2016年4月，缅甸民选政府上台，揭开了缅甸政治经济转型的新的一页。新政府的上台，并不意味着这种转型"尘埃落定"般的结束，也不意味着中国在缅投资的不确定风险烟消云散。在此背景下，准确认识缅甸政治经济转型背景和趋势，全面评估其对中国在缅投资的影响，进而提出应对措施，对于巩固和发展中缅关系有着重要意义。

2. 相关文献评述

目前，关于本课题相关的研究成果主要有三个方面。

一是关于缅甸政治、经济转型的研究。近三年来，国内一些缅甸问题研究专家对缅甸政治转型与新政府内外政策进行过较深入的研究：如李晨阳、霍夫迈斯特合作主编的《缅甸：变革的前景》，李晨阳的专著《军人政权与缅甸现代化进程（1962~2006）》，论文《2010年以来的缅甸政治转型评析》《缅甸军政府对民地武的改编及其对缅甸大选的影响》，以及贺圣达、范宏伟、王子昌、蔡向阳、宋清润等人的相关论著等。国外研究包括 David Steinberg 的《缅甸的国家》、Alex Rieffel 主编的《挑战中和利益之外的缅甸》、Ian Holliday 的《缅甸的选票与暴力》、西口清胜的《转换为民政后的缅甸》等，对缅甸的大选及政治转型、国家内部关系调整与外交关系都有深入研究。"国际危机集团"在 2011 年连续发表《缅甸大选前的政治形势》《缅甸：进行中的大改革》和《缅甸：新的和平措施》，对新政府的政治转型作了深度调查和分析。

二是关于中国对缅投资及其影响的研究。国内这方面的研究数量不多，主要关注中国对缅投资的数量、方式和正面作用。国外研究则集中于批评中国对缅投资项目的负面影响，如"国际地球权益"的《中国在缅甸：中国跨国公司加大在缅甸水电、原油及天然气和采矿业的投资力度》和《中缅油气管道：侵犯人权、适用法律和收入秘密》；"瑞天然气运动"的《强权的走廊——中缅油气管道》和《售卖》；"国际河流"的《缅甸密松水坝的教训》；"跨国研究所"（TNI）的《资助掠夺——中国在缅北替代种植项目》和《缅甸新兴农业产业化发展趋势概述》；"克耶新世代青年组织"的《奉命离乡》；"克钦发展网络"的《关于伊洛瓦底江电站建设的报告》和《龙的呻吟和咆哮——缅甸联邦克钦邦民众反对建设伊洛瓦底江电站的报告》等。这些报告分别针对中国对缅投资的油气管道、水电开发、矿产开发和替代种植项目大肆指责,声称这些项目存在资助军政府,合同条款不公平、不透明,破坏生态环境,征地赔偿不足和侵犯人权等不良行为。这类声音在很大程度上影响了相当多缅甸民众甚至政府高层对中国项目的看法,成为密松事件、铜矿事件的导火索之一。

三是关于缅甸转型变化对中缅关系、中资项目的影响及对策研究。这类研究主要由中国学者所完成,如李晨阳的《2010年大选之后的中缅关系:挑战与前景》,马燕冰的《缅甸政治经济改革前景及对中国影响》,蒋姮的《高冲突地区投资风险再认识——中国投资缅甸案例调查》,秦晖的《密松之惑》,王冲的《缅甸非政府组织反坝运动刍议》,周宇的《中国缅甸政策检讨》,李亮的《中国在缅甸铜矿争议调查:民主转型伤及中资生存》等。这些研究更多集中于背景、原因和影响分析,少部分涉及应对思路。

综上,现有相关研究存在两个明显不足:一是中外学界的研究旨趣差异明显,国外研究对中国在缅投资几乎是一致谴责,中方话语权明显缺失,这是导致实际工作陷于被动的一个原因;二是国内研究就缅甸转型对中国投资缅甸的影响分析不够准确深入,存在简单从投资引起的环境和社会问题去分析原因而不深入分析缅甸转型根源的偏差,提出的对策建议有就事论事之嫌,缺乏系统性和有效性,远不能满足现实的紧迫需要。

3. 研究价值与意义

理论价值：以缅甸政治经济转型为案例，分析其对中国在缅投资、中缅关系的作用机理，加深对缅甸研究的理论深度。研究将有助于论证十八大报告所提出的"中国将始终不渝奉行互利共赢的开放战略，通过协商妥善解决经贸摩擦，妥善处理分歧，坚持与邻为善、以邻为伴，巩固睦邻友好，深化互利合作，努力使自身发展更好惠及周边国家"战略方针。

应用价值：研究将有助于研判缅甸政治经济转型的发展态势，评估其对中国投资缅甸的现实和潜在影响，以中缅油气管道、水电开发、矿产开发和农业合作等重大合作项目为重点，就维护在缅投资安全提出有针对性、可行性的对策建议，为我国政府有关部门和"走出去"企业提供决策咨询参考。同时，研究也将有助于反思新形势下的中国对缅政策及周边外交策略，对新时期巩固和发展中缅关系、推进孟中印缅经济走廊建设、加快实施"一带一路"战略都具有参考价值。

4. 工作开展情况

课题组于2013年2月申请国家社会科学基金项目，6月获得立项批准。课题组对研究提纲、调研计划、研究思路、任务分工和经费预算等进行了进一步的修改完善并落实到位。2013年7~8月，课题组开展了"中国对缅投资与援助"的问卷调查工作。2013年9月，课题组举行了开题报告并获得通过。2014年4月10~12日，课题组主要成员参团赴缅甸密支那及密松电站开展调研工作。9月，课题组通过项目中期检查。12月20~28日，课题组赴缅甸曼德勒、仰光等地进行调研，并完成调研报告。2015年2月3~10日，课题组赴缅甸内比都、仰光等地进行调研，并完成调研报告。2015年3~5月，课题组完成研究报告第一稿，并举行专家咨询会。6月，课题组根据专家意见进行了针对性修改完善，完成研究报告第二稿，并进行内部咨询。9月，课题组对研究报告进行了第三稿的修改完善，并提出结项申请。2016年4月，项目正式通过结项。

在研究过程中，课题组主要采取了以下研究方法。

一是文献研究方法。充分利用最新的缅文、英文和中文资料，深入研究缅甸转型的根源、特点和发展趋向，关注缅甸政府、主要政党、精英阶层、非政府组织对中国投资项目的态度和动向。

二是调查研究方法。在已经开展过多次实地调研基础上，继续开展深入调研，对缅甸国会、巩发党、全国民主联盟、投资委员会等相关机构及个人，有代表性的社团、非政府组织及民众，以及在缅中资企业、重点项目及国内相关部门进行访谈调研，掌握第一手真实资料。

5. 研究成果简介

本报告约 8 万字，主要分为四大部分：第一部分是"缅甸政治经济转型的背景、进展与发展趋势"，主要研究缅甸政治经济转型的背景、原因、表现、发展趋势和转型带来的社会影响。第二部分是"中国对缅投资的基本情况"，本部分在面上分析中缅经济合作的基本框架，中国对缅投资发展历程与趋势、主要领域、地域分布、主要方式、对当地的经济、社会和环境影响，以及中资企业的社会责任实践等；在点上主要分析油气管道、水电开发、矿产开发和替代种植等中国对缅投资的重点领域、行业、项目及新趋势。第三部分是"缅甸政治经济转型对中国在缅投资的影响分析"，主要包括：政治转型带来的影响、经济转型带来的影响、社会转型带来的制约因素和重点项目案例分析。第四部分是"转型背景下巩固和发展中国对缅投资的思路和对策"，主要包括：立足中缅关系、周边外交的高度应对投资安全；坚持从缅甸国内转型根源和中国对缅投资实践两方面结合去分析；树立客观冷静、公平合理和协商解决的基本态度；通过外交协调、经济手段和国际仲裁等加强投资合法权益的保护；开展风险评估、应对预案、经营调整等针对性工作；主动应对非政府组织的舆论攻势；开展公共外交和人文交流；积极应对其他国家企业竞争等。

目录
Contents

一 缅甸政治经济转型的背景、进展与发展趋势 / 001

1. 缅甸政治经济转型的背景 / 002
2. 缅甸政治经济转型的进展 / 009
3. 缅甸政治经济转型的发展趋势 / 022

二 中国对缅投资的基本情况 / 033

1. 中国对缅投资的发展历程 / 033
2. 中国对缅投资的成效 / 039
3. 中国对缅投资存在的问题 / 049
4. 中国对缅投资的影响 / 053
5. 中国对缅投资的重点项目 / 057
6. 中国拟在缅投资的主要项目 / 066

三 缅甸政治经济转型对中国在缅投资的影响分析 / 074

1. 对中国在缅投资的影响 / 074
2. 转型对中国在缅投资构成影响的原因分析 / 081

3. 中国在缅投资的前景分析 / 092

四 转型背景下巩固和发展中国对缅投资的思路和对策 / 104

1. 巩固和发展中国对缅投资的总体思路 / 104
2. 应对转型背景下对缅投资的基本原则 / 105
3. 实现在缅投资安全与发展的阶段目标 / 108
4. 巩固和发展中国对缅投资的对策建议 / 109

参考文献 / 130

附录一 缅甸政治经济转型背景下的中国对缅投资 / 141

附录二 中国对缅甸的投资与援助：基于调查问卷的分析 / 164

后 记 / 197

一 缅甸政治经济转型的背景、进展与发展趋势

2010年11月7日，缅甸举行了自1990年以来的首次大选，标志着缅甸开启了政治经济转型的关键一步。缅甸新政府上台以来，在总统吴登盛带领下，缅甸政治经济转型进程不断加速，一系列改革措施铺成开来，从政治领域迅速扩展到经济领域，目前缅甸国内正经历着社会转型的重大变革。2015年11月8日，缅甸新一轮大选即将拉开帷幕，对于缅甸政治经济转型的未来走向，有关各方都保持着密切关注。

缅甸政治经济转型以来，新上台的民选政府在执政方针和理念上都发生了巨大的转变，给中缅关系以及中国在缅投资项目造成了一些波动和不利影响。目前的变化尽管不足以影响中缅友好的大局，但是在中缅经贸交往领域，对于中国在缅投资项目的安全却构成了实质性的挑战。此外，缅甸不断走向规范和开放的国内市场所呈现出来的巨大发展商机，也吸引了国内很多企业的关注。一些企业尽管有投资缅甸的意愿，但由于对转型以来缅甸国

内形势的发展状况不甚了解，仍然存在较大的顾虑。

因此，加强对缅甸转型相关问题的研究，准确研判其国内转型发展走向，无疑紧密关乎中缅经贸关系未来发展以及中国在缅的长期利益。英国风险评估机构梅波克洛夫2014年初发表的一份报告指出，虽然缅甸在改善其法律和政策环境、增强法治、改革政府职能和抑制腐败等方面成果显著，但综合而言，缅甸依然是全球排名第五位的投资风险非常高的国家。[①] 我方在看到缅甸转型带来的巨大投资机遇的同时，也应注意到缅甸转型过程中尚存在一些亟待解决的问题。这些问题将深刻影响未来缅甸国内投资环境的变化，对我国在缅投资乃至中缅关系，甚至我国在缅甸方向推进"一带一路"战略都具有重要影响。

本章的主要研究任务，就是要全面掌握2010年以来缅甸政治经济转型的背景、进展及发展趋势，为下文分析该转型对我国在缅投资的影响铺垫基础。

1. 缅甸政治经济转型的背景

缅甸一直寻求通过改革达到国家发展的目的。2010年以

---

① 《缅甸投资风险依然存在》，中华人民共和国商务部网站，2014年1月14日，http：//www.mofcom.gov.cn/article/difang/yunnan/201401/20140100459914.shtml。

来，缅甸国内所进行的政治经济转型是一个长期谋划、稳步推进的过程，也是缅甸新军人政权在内外交困的背景形势下，从军人统治集团自身利益出发主动领导的变革。同时，改革也受到了国内民主力量和民意的倒逼以及近年来深刻变化的国际环境的影响。转型前，缅甸国内形势持续动荡，军政府统治面临严重危机。其主要表现为以下五个方面。

（1）在完善国家治理层面，军政府的统治危机日益严重

1992年上台执政的新军人政权是在仓促间完成政权接管的。其合法性广受质疑姑且不论，军人政权的政府高层以及地方各级政府的重要职位大多由军官充任，在国家治理以及应对国内外经济形势变化上的能力十分欠缺。这些军官大多出身于缅甸国内专业军事院校，普遍缺乏职业文官队伍应具备的相关行政管理和经济运营的知识和才能。军人以服从命令为天职，在实际行政工作中，往往只唯上级命令是从，管理模式僵化，工作中缺乏主动性和创新精神。正是因为军政府在国家治理方面存在能力上的缺陷，才在处理国内经济问题和社会危机时方式举措不当，导致缅甸国内经济发展缓慢，反政府的示威活动持续不断。在正常手段无法实现对国家形势有效控制的情况下，军政府最终选择了以高压政治作为压制国内一切问题和矛盾的最高方针和策略。2011年世界银行发布的治理指数中，

缅甸排名倒数，得分只有 19 分，仅略高于得分 14 的朝鲜等少数几个国家，远低于东盟其他国家（东盟国家得分大都高于 130 分）。①

缅甸军政府低下的国家治理能力，需要为缅甸自 20 世纪 90 年代以来的经济和社会发展的停滞乃至倒退负主要责任。这也是新军人政权不得不试图通过国家转型以平息民众不满的重要原因。

（2）在发展国家经济层面，军政府统治下的缅甸经济形势不容乐观

二战后，缅甸获得独立之初，各项经济指标居东南亚国家前列，是该地区经济基础较好的国家之一。这一时期，缅甸的国民收入水平甚至超过了同期未经历战争大破坏的邻国泰国。然而，在 20 世纪六七十年代亚洲国家陆续从战争中恢复元气，经济开始起飞，大多数亚洲国家国民经济获得了较快发展的同时，缅甸由于国内政局不稳，国家陷入长期动荡，错过了亚洲经济腾飞的黄金二十年。进入 80 年代后，缅甸国内政局更加动荡不安，而新军人政权上台后执行长期闭关锁国政策，更是将原本拥有良好发展禀赋的缅甸带向了世界最不发达国家之一

---

① World Bank："Worldwide Governance Indicators: Country Data Reports", http://info.worldbank.org/governance/wgi/sc_country.asp.

的境地。到转型前的 2010 年，缅甸国内生产总值只有 383 亿美元，人均不过 648 美元。① 并且，由于缅甸国家法制不健全，给官员大肆贪腐提供了可乘之机，久而久之形成了以军人集团为核心的庞大贪腐利益集团。军人集团控制的企业还垄断了缅甸国民经济各个重要领域，这使得缅甸国内市场缺乏有效竞争，经济发展缺乏足够活力。这一时期缅甸国内的私营企业发展步履维艰，正常的经济活动以及企业主的合法权益都无法得到有效保护。

让形势更加恶化的是，这一时期西方国家普遍不承认新军人政权的合法性，对缅甸实施经济封锁。缅甸经济发展空间严重受限，国民经济得不到大的发展，在高压政治环境下，缅甸国内政治生态环境不断恶化。由于生活水平长期得不到根本性的改善提高，民众对军政府的独裁统治日益不满，社会矛盾不断激化，国内民主力量声势日壮，对军政府维系统治构成愈来愈大的威胁。

（3）在处理国内民族关系层面，军政府治下的国内民族关系持续紧张

缅甸国内的少数民族以及民地武问题属于缅甸的核心国家

---

① 《缅甸国家概况》，中国－东盟环境保护合作中心，2010 年 12 月 25 日，http://www.chinaaseanv.org/dmgjjs/270908.shtml。

利益范畴，也是缅甸历届政府面临的棘手问题。转型以前，缅甸军政府对国内少数民族的主要诉求采取的基本是置之不理的态度，而对民地武则主要是"打拉结合，以打促和"。特别是自 2009 年以来，由于缅甸政府强制推行边境警卫部队改编的政策，使得一些民地武组织与政府间的关系持续紧张。总体来看，缅甸新军人政权上台执政以来的二十多年，双方的冲突造成了大量人员伤亡和财产损失，也使得缅北少数民族地区持续动荡不安。缅甸军政府在付出巨大人力、物力以及财力的代价后，也没有最终解决国内的少数民族问题以及由此派生出来的民地武问题，反而使得国内民族矛盾不断激化，国内民族冲突愈演愈烈。这种局面的出现，同缅甸军政府施行的少数民族政策，以及在民地武改编问题上的一些不恰当做法有直接关系。

（4）在管控社会矛盾层面，军政府的社会治理能力广受质疑

军政府执政后，采取了闭关锁国的统治策略，基本断绝了缅甸同外界的信息沟通往来。同时，在国内推行严格的新闻审查制度，强化对国内舆论的管控。军政府镇压了一切反政府的民主运动和针对政府的示威抗议活动，依靠强力手段维持着军政府对国内的高压统治。

随着时代的日益进步，缅甸国内各阶层民众不断觉醒，军政府对社会的控制能力正不断削弱。缅甸国内包括 NGO 在内

的社会力量的崛起，加上互联网时代信息传播的便捷性，使得缅甸军政府再也无法轻易左右国内舆论导向，压制国内异见声音。民众对国内外信息和形势的了解和认识不断深入，国内舆论对军政府统治的不满情绪日益加剧。2007年9月，缅甸国内爆发"袈裟革命"，在缅甸享有崇高地位的僧侣走上街头表达对军政府统治的抗议，得到了缅甸各阶层的广泛响应。虽然"袈裟革命"在军政府的强力镇压下最终失败，但是这一事件已经凸显出缅甸国内民众对军政府统治的不满情绪正在不断上升。军政府对国内形势的把控能力正不断弱化，对于全国各地此起彼伏的反政府示威游行大多只能疲于应对。

（5）在发展对外关系层面，军政府面临长期的外部压力

在全球化时代的今天，一个"孤岛"式的国家难以生存，更毋谈长远的发展。自20世纪90年代以来，以美国、欧盟为首的西方国家长期对缅甸实施制裁政策。在东盟国家内部，缅甸也是一些国家指责的对象，缅甸一直以来有被国际社会边缘化的危险。缅甸自1997年正式加入东盟以来，在遭受西方严厉制裁的情况下，与东盟的外交被缅甸军人政权摆在了非常突出的位置。同东盟的友好关系是缅甸重要的国际舞台。此外，缅甸在经济上对东盟国家也有较强的依赖性。据国际货币基金组织的统计，2000~2010年的十年间，缅甸对东盟国家的出

口总额占其外贸总值的 43.7%。进口额占 45.1%。以 2006～2007 年为例，缅甸与其他东盟国家的贸易额占到了缅甸外贸总额的 51.3%。泰国是缅甸的第一大贸易伙伴，该年度双边贸易额达到 26.59 亿美元，同时，泰国也是缅甸的最大出口国，出口额达到 24.09 亿美元。2006～2010 年泰国长期保持缅甸最大投资国地位。[①] 作为东盟成员国之一，缅甸理应遵守东盟在政治、社会等领域的共识。缅甸在政治和经济上对东盟国家的严重依赖，使得东盟国家在对缅问题上掌握了很大话语权，可以对缅甸国内军人独裁政治施压。泰国就曾提出"建设性接触"政策，希望能够在东盟框架内，由东盟国家主导，适当借助区域外大国力量，共同合力解决缅甸问题。这些事件客观上促使缅甸军政府当局，必须努力有步骤地改变目前缅甸政治经济现状，采取积极改革姿态。

综合上述五方面因素的分析，可以看出在这种内外面临潜在危机的背景之下，缅甸新军人政权陷入执政以来，最严重的执政合法性危机，政权不稳定因素显著增多。对于军人政权而言，与其被动应付，不如主动变革以掌握改革主动权，以政治经济改革最大可能地换取自身的平稳过渡和生命财产的安全。

---

① 《2006 - 2007 财政年度缅甸外贸概况》，中华人民共和国商务部，2007 年 5 月 31 日，http://www.mofcom.gov.cn/aarticle/i/dxfw/cj/200705/20070504723836.html。

2. 缅甸政治经济转型的进展

缅甸推行政治经济转型伊始，外界对缅甸军政府改革的力度和决心普遍持质疑态度。然而从目前的情况来看，2010年以来缅甸的改革所取得的成绩远超外界预期，缅甸正经历着1988年新军人政权上台以来，最大的政治与社会变革。转型改革以来，缅甸国内政治正发生着诸多积极的变化，政治经济转型稳步推进，已经取得较大成果。

（1）从多方面推动了国内的政治改革

广而言之，政治转型是指一个政治实体的社会从一种形态的社会政治制度模式，经过一系列的改革变化转为另一种形态的社会政治制度模式。目前，缅甸正由一种军人治下的威权专制政体向西方民主政体转型。缅甸的政治改革发展至今，无论是在深度还是广度上，都取得了很大进步。

1）完成了政权和平交接，为政治改革开启了良好开端。

2010年3月8日，缅甸政府颁布了《政党注册法》等与大选相关的法律。在11月7日的大选中，有着军方背景的巩发党获得压倒性胜利。2011年3月30日，吴登盛宣誓就任缅甸总统，最高国家权力机构国家和平与发展委员会（简称

"和发委")向新政府移交权力。① 在这一政权交接过程以及国内政党民主制度构建中明确了军方的利益和地位,也给予了民众相当大的民主空间,得到了军方和国内民众的基本认可。根据国际透明组织 2013 年 12 月公布的"全球清廉指数",缅甸的排名已从全世界国家排名中的第 177 位显著提升至 157 位,表明了国际社会对目前缅甸政治改革的成果是相当认可的。②

2)争取了民盟对转型的支持,开启了国内政治和解进程。

2010 年 11 月 13 日,缅甸政府对昂山素季解除软禁,释放出同民盟和解的最大善意。重获自由后的昂山素季公开表示,愿意与巩发党进行合作,希望用"非暴力、和平革命"的方式促进缅甸的民主化进程。2011 年 12 月 23 日,民盟依据缅甸新修改的《政党注册法》,向联邦选举委员会提交了政党重新注册申请。③ 2012 年,政府与民盟之间的沟通更加频繁,吴登盛总统曾先后 3 次会见昂山素季。2012 年 1 月 5 日,民盟获准登记为合法政党。5 月 2 日,昂山素季顺利补选为议员。8 月 7 日,缅甸人民议会会议通过了昂山素季为法制委员会主席的任命,标志着民盟和巩发党的关系得到了全面改善。尽管近两

---

① 李晨阳:《缅甸政治转型中的政党政治》,《当代世界》2014 年第 3 期。
② 《透明国际 2013 全球清廉指数中国排名 80 评分连续三年上升》,观察者,2013 年 12 月 4 日,http://www.guancha.cn/politics/2013_12_04_190256.shtml。
③ 《缅甸新局》,新华网,2011 年 12 月 5 日,http://news.xinhuanet.com/herald/2011-12/05/c_131284238.htm。

年昂山素季领导的民盟同执政的巩发党以及军方力量围绕着修宪等问题,进行了比较激烈的博弈和斗争,但是在这一过程中,各方都保持了相当的默契,即所有的政治行为都是在2008年新宪法的框架内进行的。各方的克制和包容是缅甸政治转型以来,政局能一直保持相对稳定的关键所在。

3)加强了同民地武的接触,重启了国内和平谈判进程。

新政府上台以来,在同民地武的和平谈判中取得了相当成果,缓和了缅甸中央政府同少数民族地区冲突的紧张气氛,为实现国内民族和解打开了良好局面。

2011年8月18日,缅甸政府发表了与各少数民族建立和平的宣言,邀请各民地武组织进行停战谈判。2012年以后,缅甸政府同民地武的谈判进入实质阶段。2013年10月30日至11月2日,缅甸17支民地武组织在克钦独立军总部举行会议,就全国性停火协议、政治路线图等问题达成了共识。2014年8月17日,缅甸政府与少数民族武装组织关于全国停火协议草案的第五轮谈判结束。根据双方发布的联合新闻公报称,已就全国停火达得多项共识,正着手协议文本谈判。

但是,在2015年2月,彭家声领导的果敢同盟军主动向缅甸政府军控制下的果敢地区发动全面攻势,双方爆发了较大规模的武装冲突。大量缅北边民涌入中国境内,冲突中有炮弹落入中方境内,造成我边民死伤的严重外交事件,酿成最新的"果敢冲突"。这场冲突以果敢同盟军单方面宣布停火,政府军重新控制果敢地区暂告结束。彭家声在果敢的卷土重来增加了形势的复杂性，也凸显出缅甸政府与民地武关系以及相关的实现全国停火问题仍然面临重重挑战。2015年9月9日，吴登盛总统在内比都会见部分民族武装领导人，敦促尽快签署全国停火协议，但是政府与民地武组织双方仍然存在较大分歧，①缅甸国内民族和解进展还前路漫漫。

4）打破了孤立的外交局面，创造了较好的外部发展环境。

缅甸政治转型以来，缅甸的外交格局发生了根本性的改变，特别是改善了同美国为首的西方国家的关系。缅甸新政府执政以后，美国逐步解除对缅制裁，推动和支持缅甸政府进行改革。2010年缅甸大选后，奥巴马政府对缅实行"务实接触"的政策，美缅关系发展进入快车道。2011年底希拉里访缅，2012年美缅双方互派大使，2013年5月作为缅甸国家领导人的吴登盛总统时隔47年再次访美。在会后记者会上奥巴马高度肯定了缅甸政治转型以来，在推行选举、缓解国内种族冲突等方面所取得的成绩。随着美缅关系不断正常化，其他西方主要国家也纷纷追随美国脚步，各国领导人争相造访缅甸，抢占发展对缅关系先机，纷纷以解除制裁、增加援助贷款等方式，加强对缅接触，名曰欢迎缅甸回归国际政治舞台，实则是为未

---

① 《缅甸总统敦促民族武装尽快签署全国停火协议》，新华网，2015年9月9日，http://news.xinhuanet.com/world/2015-09/09/c_1116513162.htm。

来在缅甸的利益博弈中增加筹码和影响力。转型以来，日本政府对缅投入力度不断加大。2013年5月24~26日，日本首相安倍晋三访缅期间承诺将向缅甸三个项目提供总额达910亿日元的援助。12月12~17日，吴登盛总统赴日出席日本与湄公河首脑会议期间，日本首相安倍晋三就仰光—曼德勒铁路改造项目、仰光首都供水发展项目、迪洛瓦港基础设施开发项目和勃固西区水利发展项目等提供632亿日元援助事宜进行了说明。在加强对缅接触力度上，欧洲国家也不甘示弱。2013年4月17日，欧盟做出了解除除武器禁运外的对缅甸全部制裁的决定，给予缅甸最惠国待遇（GSP）关税优惠待遇。英国外交大臣黑格2012年到访缅甸期间承诺，未来4年内，英国计划将向缅甸提供1.85亿英镑的援助。[1]

此外，缅甸同东盟国家的关系也得到不断巩固和加强。转型以来，缅甸同东盟各国高层互访频繁，双边、多边关系发展不断取得成果。特别值得一提的是，2013年10月10日，第23届东盟峰会及东亚领导人系列会议闭幕仪式上，缅甸正式成为2014年东盟轮值主席国。[2] 在担任2014年度东盟轮值主席国期间，缅甸经受了各种考验，妥善处理了年内成员国之间的事务，

---

[1] 《英国拟在未来4年内为缅甸提供数亿英镑援助》，新浪财经，2012年1月8日，http://finance.sina.com.cn/j/20120108/024611150474.shtml。

[2] 《缅甸接任2014年东盟轮值主席国》，中新网，2013年10月10日，http://www.chinanews.com/tp/hd2011/2013/10-10/253042.shtml。

顺利完成了主席国的各项使命。这一系列举措成功拓展了缅甸的外交空间，改善了缅甸在东盟以及国际社会的国家形象。

（2）从多领域展开了国内经济改革

转型之初，缅甸的改革并没有使占人口大多数的底层民众受益。但是随着国内改革进程的推进，缅甸国内民众对政治经济转型的期望值不断提高，民众的强烈呼声使得民选政府不断加快国内的经济改革步伐，改革进程不断推进。通过经济改革满足国内民众日益增长的物质需求，反过来又为民选政府赢得民意支持，为持续推进政治体制改革奠定良好的群众基础。

1）加强经济领域的立法建设，有效改善了缅甸国内投资环境。

缅甸政府颁布了一系列经济法律法规，为国内经济发展和吸引外国投资创造了前提条件。2011年1月23日，为了加快和规范缅甸国家经济特区战略的建设，吴登盛总统签署颁布了《缅甸经济特区法》。该法总共分为18个章节，对经济特区建设中相关土地使用，税收征收税率等问题做出了详细的说明和规定。特区法的颁布实施，一定程度上便利了外来投资者的投资行为。2月，缅甸颁布了《土瓦经济特区法》。11月30日，颁布《缅甸小型金融业法》。[①]

---

① 祝湘辉：《缅甸新政府的经济政策调整及对我国投资的影响》，《东南亚南亚研究》2013年第2期。

2012年11月2日正式出台了缅甸新《外国投资法》，2013年1月31日，缅甸颁布了《外国投资法实施细则》，对《外国投资法》进行了细化说明。新《外国投资法》及其实施细则是经济体制改革的关键环节之一。7月12日，颁布了《缅甸中央银行法》，赋予缅甸央行建立符合国际管理的支付系统、独立建立和运行货币政策的自主权。总体而言，一整套现代经济法律法规制度体系已经在缅甸初具雏形，为缅甸未来经济快速发展奠定了良好的法制基础。

专栏1-1

转型以来缅甸颁布的主要涉及外资的经济法律法规

转型以来，缅甸颁布了一系列针对外国投资的法律法规，旨在吸引外国投资，促进缅甸国内经济建设。总体而言，这些法律法规规范了外国在缅的投资行为，对于吸引外资，拉动本国经济发展发挥了积极作用。

（1）2011年1月12日，缅甸颁布了《经济特区法》，以指导国内经济特区的发展建设。在三个五年内，对于经济特区内的企业在出口退税、缴纳企业所得税等方面，都将享有较大幅度的税收优惠。特区内的企业用地在缴纳了土地租赁费和使用费后可以使用30年，到期后根据投资项目的规模还可以继续续租10~30年不等。

（2）2012年3月30日，缅甸颁布《环境保护法》，全文共十四章四十二条，主要包括本法宗旨、环保委员会的组建、环保部职责、环境紧急情况、环境质量标准、环境保护、城市环境管理、自然资源和文化遗产保护、项目提前许可、环境保险、禁止事项、处罚制度以及其他事项等内容，构成了缅甸政府全新的环境保护制度。这要求外资企业在缅甸投资和活动，要高度注意缅甸的环境保护法特别对自然和文化遗产的保护，以及强调对自然资源的可持续利用。换言之，相关投资经营活动如果在这方面表现不佳，可能被缅方以此为理由开展相关调查及处理，也有可能被部分民众及社会团体、宗教组织或人士加以利用。在具体工作中，要注意该法所涉及的多方面的环境质量标准，达到相关规定要求，以免造成被动。

（3）2012年11月2日，缅甸正式出台了《外国投资法》。2013年1月31日，缅甸国家计划与经济发展部颁布了《外国投资法实施细则》，对外国投资法进行了细化说明。新的投资法在外资准入门槛、投资领域、土地使用等方面都有不同程度放宽（详见专栏4-1）。

（4）2012年8月31日缅甸颁布了《社会福利法》，该法规定外资企业以及合资企业如超过由缅甸劳工部和社会福利组织协商规定的组成人数，就需按照该法包含的社会福利制度和权益相关的规定进行登记注册。

（5）2014年1月23日，缅甸总统签署了新的《2014经济特区法》，以适应国内经济特区新的发展形势。新法在很多方面比2011年的老版本更加灵活宽松。该法适用于缅甸现有的皎漂、土瓦、迪拉瓦等三个经济特区。根据随后公布的实施细则。在税收上，经济特区内的外资企业最多可享受7年免除收入税的优惠政策，而早期对经济特区的建设作出贡献的投资建设商将享受最多8年免征所得税，第二个五年按法定税率50%征收，若继续追加投资，第三个五年在税收上也享受同等优惠政策。在土地使用年限上，新法将使用年限进一步放宽到50年，如有需要在期限届满以后，还可申请延期25年。

2）采取一系列具体改革措施，加快国内经济体制改革和开放步伐。

2011年12月2日，缅甸政府将第一工业部和第二工业部合并为工业部，以减少审批环节，提高工作效率。[①] 2013年5月3日，缅甸联邦总统府发布公告对缅甸投资委员会（MIC）进行了改组，新的投资委员会大大加快了投资项目的审批速度。在2014年内，平均每周至少有两家国内外企业申请缅甸投资委员会的投资许可，一个月内约有800家申请注册服务类

[①] 祝湘辉、李晨阳：《2011年的缅甸：在改革中前进》，《东南亚纵横》2012年第2期。

公司。为了加快推进国内改革进程，2013年8月9日，缅甸政府成立了以总统吴登盛为首的国家改革领导委员会。在委员会成立大会上，吴登盛作出庄严承诺，现政府在余下的30个月的任期内，要把满足民生相关需求放在改革更优先的位置。从2013年11月25日开始，缅甸政府大幅简化了公司注册流程，规定在一站式服务的基础上，公司注册机构在接到申请后3天内直接核发正式公司注册证书，而此前公司在取得临时证书后仍需等待约2个月方能取得正式证书。

转型以来，缅甸的旅游业发展迅速。缅甸政府为了促进旅游业的发展，出台了一系列规定和改革举措。2013年国家改革领导委员会会议上，吴登盛特别强调了发展旅游业对于吸引外国投资，增加民众收入的重要性。为了方便入境缅甸的外国游客消费，缅甸相关部门已于2012年底批准了VISA集团与缅甸三家银行签订的合作协议，外国旅游者在缅甸消费已经可以使用VISA信用卡。此外，为了更快更便利地提高签证办理效率，缅甸正计划于2014年8月开始办理电子签证服务。这一系列便利外国游客的举措，取得了良好的政策效果，2014年度到访缅甸的外国旅游人数已突破300万人次，累计为缅甸创汇超过10亿美元。[①]

---

① 《2014年缅甸接待外国游客数突破300万》，环球旅讯（Travel Daily），2015年1月5日，http://www.traveldaily.cn/article/87860。

3）重视民营经济的发展，有力推进了国内经济私有化进程。

民选政府上台后，不断推进国民经济私有化进程。以转型前缅甸国有企业占绝对主导的能源产业为例，从 2011 年 7 月开始，经缅甸政府正式批准私营企业可以从事液化天然气进口及分销。① 在保险业方面，从 2012 年 5 月 1 日开始，缅甸私营企业首次获准经营火险和财产险等 6 种保险业务。2012 年 9 月，缅甸政府向 12 家民营企业颁发了保险营业执照，此外，还出台了一系列扶持中小私营企业发展的政策。2013 年 8 月，缅甸政府启动扶持小企业发展政策。截至 2014 年 7 月，加入缅甸工商总会和各分会的公司数量已增至 36982 个，股份公司已达 142 个，其中绝大部分都是中小企业。随着中小企业数量的增加，缅甸国内市场也得到了相应的发展，呈现出更多活力。②

4）加大对民生问题投入力度，更加重视民生相关问题的解决。

为了向选民兑现在 2011 年总统就职演讲中向工人和农民提供更多帮助，提高民众生活水平的承诺，吴登盛组建了农村发展和减少贫困中央委员会，亲任该委员会主席。缅甸政府还

---

① 李晨阳、祝湘辉：《缅甸：2012~2013 年回顾与展望》，《东南亚纵横》2013 年第 3 期。

② 《缅甸私营经济发展情况》，《缅甸新光报》2014 年 5 月 6 日。

积极改善通信设施，加快通讯业的发展，以满足民众对便捷通讯的需求。2013年9月28日缅甸电力部着手制定了具体的短期和长期计划以解决供电问题，将采取水电、天然气发电、清洁煤技术发电等多种形式增加电力供给，最大限度地满足国民经济发展和民众的用电需求。目前缅甸政府正采取措施，致力于稳定国内宏观经济形势，逐步建立起现代化的金融监管体系，通过各种途径增加税收收入平衡政府收支，积极引导国内社会资本向商业领域合理流动。

（3）改革对缅甸社会产生了多方面的影响

随着缅甸政治经济转型不断走向深入，缅甸国内出现了民主化浪潮，公众积极参与国内民主化进程，国内社会走向多元化，这些影响包括三点。

1）缅甸国内社会日益走向自由开放。

新政府上台以来，通过放开新闻审查等举措，放松了对舆论的严密控制，社会日益走向自由开放。2011年缅甸逐步解除了对体育、娱乐、彩票、教育等期刊的审查，还解除了对国外媒体和网络的封锁。从9月开始，缅甸民众已经可以上网浏览"美国之音"、Facebook、BBC等国外网站。2012年8月，缅甸正式废除了出版物审查制度。2013年4月1日，《黄金大地日报》等首批民营报纸上市发售。2014年12月20日，为了加强同媒体合作，改变过去新闻媒体获取军方消息困难的局面，缅甸军队与媒体之间首次举行工作座谈会，军方参会代表表示，将指定新闻发言人，开启双方联络的渠道，为军队与媒体之间的联络渠道打开了大门。① 这些举动表明缅甸国内民众的言论自由得到很大改善，缅甸国内社会自由度得到显著提升。转型以来，缅甸当局也逐渐认识到民意能够真实反映到决策层，是对国家发展的一个重要支撑。

2）缅甸国内人权状况得到很大改善。

2011年9月5日，缅甸成立了国家人权委员会（NHRC）。10月11日，缅甸颁布了《劳工组织法》。12月2日，颁布《和平集会游行法》。2013年12月11日，吴登盛总统签发大赦令释放了41名政治犯。30日，再次签发特赦声明，宣布释放以叛国罪、蔑视政府罪等罪名而被扣押或正在受审的全部犯人。至此，缅甸政府承诺在2013年年底前释放绝大多数政治犯，已基本实现。2015年7月30日，缅甸总统签署大赦令，释放6966名服刑人员，其中包括此前被判刑10～20年的155名中国籍伐木人员。

3）民意成为政府决策重要考量因素。

随着缅甸政治经济改革的推进，公民意识和社团运动日益兴起，民众参政议政热情空前高涨，民意成为政府决策的重要考量因素。在这方面比较有代表性的现象是缅甸国内非政府组

---

① 《军队与媒体间举行工作座谈会》，《缅甸新光报》2014年12月21日。

织（NGO）得到快速发展壮大，对缅甸政治和社会的发展产生了巨大影响，已经成为缅甸政治经济转型中的一股新兴力量。缅甸的 NGO 规模大小不一，宗旨各异，数量多达数百个，广泛存在于缅甸的城市农村各个角落，在抗灾救灾、地方教育、环境保护等诸多领域，发挥着巨大的影响力和号召力。缅甸转型改革以来，在很多重大政治经济事件的组织和发动过程中都有其身影，其巨大社会影响力和动员能力日益被各方所重视。缅甸的一些 NGO 还积极介入公民权利保护和政治选举等领域。其组织成员积极参与地方议会选举，不少人当选为地方议员，掌握了对地方事务相当大的话语权。此外，缅甸的 NGO 还与很多国际组织之间有合作关系，承接一些项目的具体实施工作。目前缅甸政府相关监管严重失位，在正常渠道无法获得发展资金时，不少 NGO 通过非正常手段筹措资金。正是有鉴于此，近年来缅甸国内的一些人士正在积极推动 NGO 相关立法的出台，以规范国内非政府组织的行为，促进缅甸非政府组织更好的发展。

3. 缅甸政治经济转型的发展趋势

缅甸转型以来，尽管在政治、经济、社会各方面都发生了较大变化，但我们同时也应该清醒的认识到转型是一个长期、曲折的过程，远非一朝一夕所能完成。当前缅甸国内修宪和国内和平这两大问题的解决都没有取得实质性的进展，以民盟和少数民族政党为主的反对党都要求围绕上述两大问题继续推进改革。总体上看，当前缅甸的转型进程仍然处于"转"而未"成型"，"稳"而"不定"的阶段。随着对未来缅甸政局走向将产生关键影响的2015年大选越来越临近，缅甸转型中的"不定"因素增多，各派力量斗争空前激烈。未来的改革或将呈现出以下六大发展趋势。

（1）政治改革仍面临重重困难，政局在平稳中仍然可能有动荡

目前来看，缅甸的政治转型改革初步取得了一些成果，但是随着改革深入，面临的阻力和困难必然不断增多，民主化进程的趋势不可逆转，改革仍将继续走向深入，但政局总体平稳中仍然可能有动荡。

当前，缅甸新一轮大选临近，各党派间的权力争夺日益激烈，巩发党高层间的矛盾激化，执政党和政府、议会之间也存在矛盾。昂山素季和民盟的走向也关系到缅甸政局的未来。此外，围绕着修宪问题，执政的巩发党与民盟还存在分歧和斗争。虽然昂山素季和民盟确实想在本届议会任期之内完成修宪工作，但实际上已不可能实现。但是无论其他政治力量如何争斗，国防军仍是缅甸政局走向的"压舱石"，只要缅甸军方不出现分裂，缅甸就不会出现大的动荡。

（2）未来经济改革将触及各方核心利益，或将面临更大改革阻力

随着缅甸政治改革不断推进，经济改革的相对滞后性不断凸显，已经严重阻碍了缅甸转型的进一步发展。在政治转型取得一些决定性成果之后，特别是 2015 年大选后，相信缅甸新当选的政府将把更多精力放在促进国内经济发展和经济体制改革破局问题上。只是，当前缅甸新政府在经济领域所进行的改革尚未触动军方的核心利益。目前军方势力仍然广泛分布于缅甸国民经济的各个部门，很多国营经济部门腐败丛生，利益集团固化。虽然在不断改革进步，但是缅甸滞后的基础设施、糟糕的经济管理体制依然严重制约了缅甸经济的对外开放和国民经济健康发展。未来缅甸政府的经济改革将走向何方，仍然存在重大的变量。

（3）政府社会控制能力不断削弱，社会治理能力面临严峻考验

缅甸转型以来，国内政治力量多元化，各种政党、社会团体和组织不断发出自己的声音。在推动缅甸民主化进程中发挥巨大作用时，一些不遵守"民主游戏规则"的团体和个人的做法，也对缅甸国家安全与社会稳定带来了严重隐患，考验缅甸民选政府的执政能力和解决问题的智慧。

随着改革进程不断向前推进，缅甸国内精英阶层对军人集团在国家政治生活中继续拥有不经选举的巨大权力日益不满，同时由于经济改革相对滞后，改革成果尚未真正惠及国内底层民众，同转型之初民众的巨大期望形成较大反差，来自民间的不满情绪日益高涨。面对国内各种不同声音，各大利益群体的不同诉求，如何能公平合理地处理好这些分歧，保证改革进程平稳向前推进，继续不断取得成果，是缅甸未来政治转型道路中不得不面对的严峻挑战。这些民众的诉求和存在的问题倘若处理不好，极有可能造成国内局势出现新的剧烈动荡，为国内民粹主义情绪滋生提供土壤。一旦极端民主派势力坐大，将成为缅甸的政治民主化进程中最大的隐患之一，缅甸的转型改革很有可能重蹈东盟一些国家的覆辙，将缅甸政治拖进菲律宾式的"劣质民主"泥潭。

（4）民族、宗教矛盾依然会是缅甸转型进程中面临的重大挑战

缅甸国内一直存在的民族、宗教冲突问题并没有得到根本解决。2013年缅甸发生了一系列穆斯林与佛教徒的宗教冲突，造成国内佛穆关系持续紧张。2014年3月4日中午，仰光省勒古镇发生一起因一穆斯林与一佛教徒打架斗殴导致的群体骚乱事件，当局出动警察部队才得以平息。2014年7月1日以来，曼德勒的佛教徒和穆斯林双方又爆发多起激烈冲突。骚乱事件

已致两人死亡、数十人受伤,警方已抓捕违犯宵禁令人员362人,其中包括16名犯罪嫌疑人。7月7日,吴登盛总统就此事件发表全国讲话称,将对参与骚乱者进行调查并依法进行严厉惩处。但国际人权组织和缅甸问题观察家们均对此表示怀疑,认为吴登盛先前已有多次类似表态,但至今未能遏制住全国性的民族宗教冲突的发展。

缅甸政府在应对突发事件的能力和手段上,比起军政府时期有所进步,做出了较为迅速和有效的反应,但是几起冲突事件仍然造成了比较重大的人员伤亡和当地社会秩序的短时期动乱。若开邦信奉伊斯兰教的罗兴亚人同当地缅族佛教徒的冲突,越来越有演变成宗教矛盾同族群问题交织发展的趋势。在罗兴亚人问题上,缅甸国内一些组织不承认罗兴亚人,支持政府驱逐罗兴亚人出境。在处理宗教和民族冲突问题上,考验着缅甸政府能够有效率且公正对待各族群和教派的诉求,缅甸政府的态度对于问题的解决有着极为关键的影响。此外还有前述的缅北民地武问题以及缅甸中央政府对少数民族诉求如何回应的问题,这些愈演愈烈的宗教、民族矛盾交织在一起,对缅甸政治经济转型构成了严重威胁。

在转型过程中不时恶化的缅甸国内民族问题和不断出现的宗教冲突,民族和宗教矛盾交织,使得缅甸转型之路更为艰难。这些因素无疑都将左右缅甸民主化的成败,考验缅甸新政府的执政能力和智慧。

（5）各派政治力量围绕2015年大选的斗争日趋激烈

目前缅甸国内政治形势比较复杂，大选前景尚不明朗。但是有以下四方面是可以明确的：一是修宪希望渺茫，昂山素季出任总统无望。按照缅甸现行宪法第59条规定，缅甸联邦总统直系亲属不得有外国血统或拥有外国国籍。昂山素季的已故丈夫和两个儿子都是英国公民，因此她并不具备当选总统的资格。经过几轮政治博弈，缅甸议会已经通过决议在11月大选前不修宪，因此昂山素季试图通过修宪，在2015年大选后直接当选总统的可能性已十分渺茫。二是全国民主联盟（NLD）赢得大选的概率很大。根据目前各方初步估计，民盟很可能在今年大选后成为议会第一大党，但能否赢得过半数席位还有待观察。另外，民盟也面临着从"在野党"向"执政党"转型的巨大困难，目前民盟有"个人党"的色彩，除昂山素季之外的其他人在威望和能力上都严重不足，党内上层老人化、内部管理与决策机制缺失等问题一时之间难以解决。三是大选前缅甸各派的政治斗争趋于复杂。2015年8月12日，联邦议会议长兼人民院议长瑞曼被突然宣布解除巩发党内一切职务，几乎意味着个人政治生命的结束，不再可能成为总统职位的有力竞争者。此后18日形势反转，昂山素季迅速同瑞曼形成联盟，民盟势力大增，不排除因宪法限制自身无法出任总统的昂山素季在民盟赢得全国大选后推举瑞曼为新任总统的可能性。大选的焦点集中到了政府、民主派和军队三派首脑人物现任总统吴登盛、民盟主席昂山素季、国防军总司令敏昂莱"三巨头"身上,他们之间如何博弈与竞争,将很大程度上决定2015年大选的最终结果。四是大选中军人集团仍将扮演举足轻重的角色。当前缅甸的政治生态呈现多元化、复杂化的特点,各派间政治斗争已经从原来的"卡位、发声"阶段逐渐转向"争夺民主红利"阶段。军队仍将在其中发挥重要影响,不仅是因为军队在议会拥有25%的固定席位,拥有议案的最终否决权,同时对于缅甸大选后的政治走向也起着关键作用。已退休的前领导人丹瑞大将在军队还具有巨大影响力,他的态度也对大选形势构成很大影响。

综合上述分析,转型以来的缅甸政治格局中存在多种政治力量的互动关系,政治参与主体日益多元化,这种情况将长期存在。目前影响缅甸政局的主要政治力量包括政府、军队、议会、执政党、反对党和昂山素季、少数民族武装和政党团体、88学生组织、其他中小政党、NGO、媒体、僧侣、大学生等。这些政治力量之间既有斗争,又互有合作。根据他们的政治主张和族群关系大致可以做出归类。从缅族内部关系看,可以分为以政府、军队、议会、执政党为代表的旧军人势力与昂山素季领导的民盟及其支持者的斗争;从缅族与其他民族关系的角度,可以分为缅族以及政治力量同民地武与民族政党的斗争。政府、军队、议会、执政党在共同利益面前可视为一个整体,但是也存在矛盾分歧,在各自利益面前又可能出现分裂。

在斗争的同时,各政治势力也存在相互的合作互动。第一个互动是以美国为首的西方势力、缅甸新政府、昂山素季和民盟,这三股力量之间有比较好的沟通与协作。第二个互动是缅甸新政府和军队,缅甸军队和政府在民族问题上有不同意见,军队为显示其作用,有时甚至自行其是,但是军队也不想因为民地武问题影响缅甸的民主化进程。即将于2015年11月份举行的大选是缅甸各大政治力量能否实现良性互动的试金石。但是,无论其他政治力量如何争斗,缅甸国防军仍是缅甸政局走向的"压舱石",缅甸军方仍将在缅甸的转型改革中较长一段时期内发挥重要的支配作用。这为缅甸历史和东南亚各国政治发展历程所彰显,军队在这些国家的转型过程中是绝对的主导力量。只要缅甸军方不出现分裂,缅甸就不会出现大的动荡。目前缅甸政局中的各方力量都以保持局势稳定和平稳过渡、促进民主化进程不可逆转为目标,缅甸目前存在两个相关政治力量之间的互动,并且基本达成平衡,其他政治力量虽试图挑战,但这种平衡近期不会被打破。

(6)大选后中缅关系可能呈现"近而不亲,好而不热"的状态

缅甸政治转型以来,在内政外交上进行了一系列的调整,这些调整不可避免地影响到了中缅关系的发展。缅甸的外交形

势打开后,对中国的战略依存度下降,无意保持军政府时期在两国关系中对华高度依赖的状态,意图结束特殊时期的中缅关系。但是仍然不可否认的是,目前中国依然是缅甸多边外交的最重要一环,中缅关系正朝着全面战略合作伙伴关系发展。近年来随着缅甸政治经济转型走向正轨,西方大国对缅甸问题的关注度有所降低,很多西方国家给予缅甸的大多是"口惠而实不至"的承诺,无异于空头支票。一些国家在履行已有承诺上也大打折扣。缅甸当局逐渐意识到中缅关系在缅甸对外关系中的重要地位,认识到中国是搬不走的邻居,中缅之间存在诸多共有利益,从而重新将中缅关系摆在了正确的位置。同西方国家和区域内其他大国相比,中国对缅外交的综合优势依然明显,中国在缅甸对外关系总体格局中的地位没有改变。中缅双方都日益理性和客观地看待中缅关系的未来发展前景。

总之,我们应客观看待缅甸政治转型对未来中缅关系的影响。在国际格局以及双方力量对比未发生重大变化的情况下,缅甸政府、精英和媒体对华的态度基本是稳定的,不会因为政府的更迭而大幅度调整对华政策。近期来看,中缅关系将走向稳定发展的新阶段,但很可能呈现一种"近而不亲,好而不热"的状态:缅甸方面防华而不反华、两国合作空间大而竞争多、合作项目多而层次不高、战略合作难以深化的新常态。

综合以上分析,课题组认为2015年大选是缅甸政治转型能否软着陆的关键,对2015年大选前局势的总体判断是不会有大的动荡，关键是军队目前是稳定且可控的。对于大选后的缅甸总体发展态势，我们有四点判断：一是在政治上将保持民主体制，外交上将采取平衡外交策略，不排除美日等加大对缅拉拢的可能性。二是经济发展将成为重要任务，民主狂热期逐渐消淡，民众对社会经济发展的需求将增大，政府的社会经济发展压力将增大，经济领域的深层次问题将在下个五年爆发出来。三是中央与民族地方武装的矛盾将长期存在，难以取得实质性突破，更不可能全面解决。四是社会矛盾、宗教冲突有不时爆发的可能，但不太可能对政局产生太大影响。总的来说，当前缅甸正经历着从封闭到开放的历史性巨变，这一改变是不可逆的。虽然目前军人集团依然把持着国家的实际大权，并仍将在未来较长的一段时间内拥有巨大的影响力。但是缅甸社会正朝着多元化、民主化方向发展的趋势是不可改变的。未来缅甸政局将不可避免地出现在几大主流政治力量主导下，多种政治力量共存的竞争局面。

此外，对于缅甸转型以来中缅关系遭遇到的一些挫折，也不必过度解读。在缅甸转型不断向前推进的新形势下，包括美日印等在内的主要大国都加大了对缅外交力度，这必然会一定程度上削弱了中国在缅影响力。在发展对缅关系上中国同美日印等其他大国既存在竞争也存在合作，再用冷战时期的零和思维去思考这一问题已经过时。虽然中缅关系目前遭遇了一些挫折，但两国关系并未发生根本性的逆转，缅甸政府及其领导人推进中缅全面战略合作关系的意愿也从未改变。只要中国采取灵活主动的外交策略，积极务实地解决两国交往过程中存在的问题，加强同缅甸国内的多种政治派别和民间力量沟通交流，积极支持缅甸政府加强国家治理的意愿，利用好特殊地缘优势斡旋各派势力之间的谈判，在缅甸民族和解进程中积极发挥应有作用，中缅关系的友好大局仍将继续维持下去。

二 中国对缅投资的基本情况

在分析缅甸政治经济转型对我国在缅投资的影响之前,首先需要对我国在缅投资的基本情况有全面和准确的把握。本部分主要内容包括:中国在缅投资的发展历程;中国对缅投资的成效;中国对缅投资存在的问题;中国对缅投资的影响;中国对缅投资的重点项目;中国计划在缅投资的主要项目。

1. 中国对缅投资的发展历程

中国与缅甸于1950年6月8日正式建交,至今已有60多年。中缅关系大致经历了四个发展时期,即"1950年6月至1962年2月,缅甸议会民主制时期;1962年3月至1988年8月,奈温军政府和缅甸社会主义纲领党执政时期;1988

年9月至2011年2月,缅甸新军人政府上台执政时期"[①];2011年3月至今,缅甸民选政府上台执政时期。与此相对应,中国对缅甸的投资从援助开始,主要经历了以下四个时期。

(1) 1950~1962年中国对缅援助缓慢起步

缅甸是最早承认新中国成立的非社会主义国家之一,中国与缅甸的经贸往来随着两国外交关系的建立而缓慢起步。1954年,中缅签订为期三年的《中缅贸易协定》和换货议定书,两国经济合作关系正式起步。1955年,中缅签订《航空运输协定》。1957年,两国签署《邮政协定》,并于该年年底正式通邮。1958年,两国政府又签订新的贸易协定。这一时期,中缅经济关系的发展十分缓慢,新中国对缅甸仅开展了少量的援助项目。

(2) 1962~1988年中国对缅援助波折起伏

这一时期依据中国与缅甸的内政外交状况,中缅经济关系可以分解为两个阶段。一是1962~1970年,由于中国正处在"文化大革命"时期,缅甸的内外政策也发生了变化,这一阶

---

① 贺圣达:《中缅关系60年:发展过程和历史经验》,《东南亚纵横》2010年第11期。

段中缅关系一度紧张,① 双方经济合作受到很大影响,双边的贸易和投资往来几近停滞。二是1971~1988年,中缅外交关系逐步恢复正常,重归友好,两国的经济合作开始恢复,在1971年签署新的贸易协定,相互给予最惠国待遇。中国重启对缅的经济援助项目。在援助方面,1979年中方向缅方提供了6300万美元的无息贷款,援建了8项工程;1982年12月,中国政府提供无息贷款援建的缅甸国家第一体育馆项目动工,设计为10853人座;1986年,中方又向缅方提供了3.17亿元人民币的无息贷款。

(3) 1988~2011年中国对缅投资迈向迅速发展的新阶段

1988年9月,缅甸新军人集团上台,开始新军人政府执政时期。这一时期,缅甸更加主动发展与中国合作关系。随着中国经济的迅速发展和国际影响力的提升,特别是对周边影响的增强,中缅经济合作水平和规模不断扩大和提高。尤其是2000年后,在中国"走出去"战略的实施背景下,中国对缅投资步入新的发展阶段。这一阶段由于缅甸新军人政权处于为国际社会所孤立的特殊时期,缅甸对中国形成一种特殊的依赖

---

① 贺圣达:《中缅关系60年:发展过程和历史经验》,《东南亚纵横》2010年第11期。

关系，双边经济往来的空前发展与这种特殊背景息息相关。

缅甸新军人政府执政后，推行市场经济，重视发展与中国关系，中缅高层互访得以恢复，并且越来越频繁。高层互访常常伴随着经济技术合作协议的签署，中国通常也会宣布向缅甸提供无息或低息贷款，且数额不断增大。1993 年中缅签订《经济技术合作协定》等 6 项合作协议。[①] 1996 年 1 月，缅甸国家元首丹瑞大将访问中国，签署了《中缅经济技术合作协定》等重要合作文件，中国向缅甸提供 1.5 亿元人民币的贴息贷款。1997 年中缅签署《关于成立经济贸易和技术合作联合工作委员会的协定》《中国向缅甸提供 1 亿元人民币贴息优惠贷款的框架协议》等多项协议。1997 年缅甸虽然加入东盟，但同年爆发的东南亚金融危机并没有给缅甸带来多少经济上的利益。1998 年，中国再次提供缅甸 1.5 亿美元的贷款，帮助缅甸克服金融危机带来的困难。

迈入 21 世纪，中缅两国高层往来更加频繁，就全面合作达成共识，经济合作越来越密切，合作规模越来越大，水平显著提升。2000 年以来中缅两国政府先后签署了上百项合作协议，内容涉及贸易和投资合作、共同开发水电、旅游合作等各个领域（参见表 2-1），极大地推动了两国经贸关系的

---

① 贺圣达：《中缅关系 60 年：发展过程和历史经验》，《东南亚纵横》2010 年第 11 期。

发展。截至2009/2010财年（2009年4月1日至2010年3月31日，以下财年以此类推），中国对缅投资18.5亿美元，成为缅甸第三大投资国，居于泰国（74.22亿美元）和英国（18.61亿美元）之后。进入2010/2011财年，中国对缅投资大幅增加，该财年中国对缅投资将近80亿美元。截至2011年3月31日，中国对缅投资累计达96.03亿美元，跃居缅甸第一大投资国。

表2-1 2000~2010年中缅两国政府签署的经济合作协定

时　间	事　件	签署的协定
2000年4月5日		《农业合作谅解备忘录》
2000年6月5~12日	缅和发委副主席貌埃上将访华	《中缅关于未来双边关系合作框架文件的联合声明》
2000年7月16~18日	国家副主席胡锦涛访缅	《中缅科技合作协定》《中缅旅游合作协定》等
2001年7月15~20日	国土资源部部长田凤山访缅	《中缅两国关于开展地质矿产合作的谅解备忘录》
2001年12月12~15日	国家主席江泽民访缅	《中缅两国政府关于鼓励促进和保护投资协定》等7项协定
2003年1月6~11日	缅丹瑞大将访华	《中华人民共和国政府和缅甸联邦政府卫生合作协定》《中国国家体育总局与缅甸体育部体育合作协定》等协议
2003年8月15日		《中国政府向缅甸政府提供的2亿美元优惠出口买方信贷总协议》
2004年7月12日	缅总理钦纽上将访华	《关于信息通讯领域合作的谅解备忘录》

续表

时间	事件	签署的协定
2004年10月		《中华人民共和国教育部与缅甸联邦政府教育部教育合作谅解备忘录》
2005年7月	缅总理梭温出席大湄公河次区域经济合作第二次领导人会议	《中缅经济技术合作协定》
2005年7月3~5日	缅能源部长伦迪准将访华	《中缅两国加强能源合作的框架协议》
2006年2月14~18日	缅总理梭温上将访华	《中缅两国政府间经济技术合作协议》等8项协议
2007年6月5~10日	缅和发委第一秘书长登盛中将率团对华进行友好访问	《中缅两国天然气合作谅解备忘录》
2007年11月20日		《中华人民共和国政府和缅甸联邦政府关于在〈中华人民共和国政府和缅甸联邦政府关于禁止非法贩运和滥用麻醉药品和精神药物合作协议〉框架内开展替代种植的行动方案》
2007年11月29日		《科技合作谅解备忘录》
2009年3月25~30日	中共中央政治局常委李长春访缅	《关于建设中缅原油和天然气管道的政府间协议》等4个协议
2009年12月19~20日	国家副主席习近平访缅	签署经贸、交通基础设施、技术合作、机械设备采购、金融、水电、油气管道等方面的16个合作协议
2010年6月2~4日	国务院总理温家宝访缅	签署中缅油气管道建设等15项经贸合作协议

资料来源：根据中国商务部网站整理。

(4) 2011 年至今中国对缅投资面临的挑战增加

经过 2010 年大选后，缅甸民选政府于 2011 年 3 月上台。5 月，吴登盛总统访问中国，中缅签署了《关于建立全面战略合作伙伴关系的联合声明》，还签署了有关能源、基础设施和采矿业等合作的 17 个协议和备忘录。① 不过，随着缅甸国内的政治、经济生态发生重大变化，中缅之间的经济合作出现一些新情况。在 2011 年 9 月 30 日，总统吴登盛以民意为由，宣布缅政府将搁置密松水电站。此后，中国在缅的多个大型项目进展受阻。2012 年 11 月 18 日起，当地数百名农民、僧侣等人士进入中国投资项目——莱比塘铜矿作业区进行抗议，迫使项目施工全部被中断。此外，中缅油气管道也面临一些民众和组织的抗议。中国对缅甸的大型投资项目不断成为缅甸媒体、NGO 及国际舆论"抨击"的焦点，面临的挑战日益增加。

2. 中国对缅投资的成效

1988 年以后，尤其是进入 21 世纪以来，中缅两国的

---

① 祝湘辉、李晨阳：《2011 年的缅甸：在改革中前进》，《东南亚纵横》2012 年第 2 期。

经济合作越来越趋向于战略性的合作，中国对缅甸的投资规模不断扩大，投资领域日益扩展，中国成为缅甸最大的外资来源国。当然，从某种角度来看，这些成效的取得与缅甸军政府时期为国际社会所孤立的特殊历史背景是分不开的。

（1）中国对缅直接投资规模迅速增长

20世纪90年代以前，中国对缅甸的投资主要以援助为主，几乎没有直接投资。从90年代中期开始，中国部分企业开始对缅展开投资，但总体来讲，项目较少，金额不大，没有形成规模。2000年后，随着"走出去"战略的实施，我国在缅甸的投资不断增加，中资在缅甸外资中的地位不断提升。2002年，中国在外国对缅投资中位居第15，2006年位居第11，2007年为第6位，2009年晋升为第3位，2010年，中国超越泰国跃居缅甸第一大投资国。至2010年7月，中国在缅甸直接投资涉及8个领域69个项目，按照缅甸公司法在缅注册的中资公司共有170个。截至2011年3月31日，中国对缅投资总额累计已达96.03亿美元。

2011年"密松电站"事件后，中国对缅甸的投资有所降温。从缅方的统计来看，2010/2011财年，中国对缅投资82.7亿美元。之后，中国对缅投资逐年下降，2011/2012财年为46.4亿美元，2012/2013财年为4.1亿美元，2013/2014财年则降至5692万美元。但是,从总量来看中国仍是缅甸最大的外资来源国。根据缅甸投资与公司管理局截至2015年5月31日的统计数据,中国(含香港、澳门特区)对缅甸投资总额约为219.12亿美元,约占缅甸吸引外资总额565.36亿美元的39%。[1]尽管西方国家对缅投资有所增加,但其总量还远远不及中国对缅投资总量。

表2-2 中国对缅投资数据

单位:亿美元

年 份	投资流量	投资存量
2004	0.055	0.204
2005	0.1226	0.24
2006	0.2116	1.94
2007	0.9231	4.75
2008	2.325	13.31
2009	8.56	18.6
2010	43.5	62.1
2011	82.7	139.47
2012	4.07	141.4
2013	3.1	141.9

资料来源:根据中国商务部、缅甸投资委员会、缅甸国家计划与经济发展部、云南省商务厅和昆明海关资料整理。

---

[1] "Foreign Investment of Permitted Enterprises as of 31/5/2015", Directorate of Investment and Company Administration, Myanmar, http://dica.gov.mm.x-aas.net/.

(2) 中国对缅援助不断发展

20 世纪 80 年代，中国缓慢恢复对缅援助，包括技术合作、捐赠和优惠贷款等。2000 年以后，中国对缅援助提速。但是由于数据的缺乏，我们很难区别出中国政府所支持的由中国企业投资的矿产、制造和基础设施项目有多大的"援助"成分。

中国对缅援助项目大致可以分为 8 类：基础设施建设和资源项目、商品、技术援助、培训、医疗援助、人道主义援助与救灾、青年志愿者服务以及削减债务等。基础设施是中国对缅援助的主要组成部分，包括公路、桥梁、大坝、通讯系统、农业设备、体育馆和政府大楼。从 1993 年开始，在中缅两国高层互访中，中方通常会宣布向缅甸提供无息或低息贷款。据估算，1997~2006 年间中国为缅甸政府提供了总计 2400 万美元的捐赠和 4.83 亿美元的贷款，很大一部分贷款是资助缅甸国有企业购买中国设备。此外，缅甸还以成员国身份从中国对东盟、GMS 等的援助中获益。

据中国驻缅大使馆统计，"截至 2012 年底，中国在经济技术援助方面已向缅方提供 30 多个成套项目、9 个技术合作项目及 27 批单项物资援助；中国在缅企业在教育、卫生、减灾、基础设施建设方面已向缅提供约 7100 万美元无偿捐赠，创造就业岗位 1.5 万个"①。2013 年以来，中国逐步朝着更以人为本、更透明的援助模式进行转变。部分中国 NGO 开始在缅甸开展项目；中国在缅企业也加大履行社会责任，扩大媒体宣传，更为注重与市民社会和其他政治派别建立关系。

（3）中国对缅投资的领域不断扩展

1988 年后，中国对缅投资的领域不断拓宽，投资项目分布在各个方面，除了水电、矿产、油气等资源开发性项目外，还包括公路、铁路、桥梁等基础设施建设项目，以及纺织厂、造纸厂等工业制造项目（参见表 2-3）。其中，有些项目是政府援助性项目，有些项目是企业投资项目；有些是中央企业，有些是地方性企业。

---

① 《中国对缅经济援助情况》，缅甸《金凤凰》中文报，2013 年 1 月 4 日。

表 2-3　1988 年以来中国企业在缅主要投资项目

项目类型	项目名称	中资企业	项目进展
援助项目	仰光-丁茵公路铁路两用大桥	中国铁道部大桥工程局（央企）	1986 年 10 月，缅甸仰光-丁茵大桥开工，1993 年 7 月竣工，该项目是我国援缅最大项目，被誉为"东南亚最大的公铁两用桥"。
	内比都国际会议中心		2005 年 6 月 20 日，中缅就援建国际会议中心项目进行了换文确认，帮助缅甸政府建造一座现代化的国际会议中心。项目于 2008 年上半年开工，2010 年 6 月 3 日进行交接仪式。
	缅甸国家电力系统规划项目	中国水电顾问集团昆明勘测设计研究院（滇企）	2012 年 2 月 14 日，中国长江三峡集团、中国水电顾问集团昆明勘测设计研究院与缅甸电力二部合作签署缅甸国家电力系统规划项目谅解备忘录，该项目是由中国长江三峡集团支援缅甸国家建设的援助型项目。
	小型碾米机厂和乡村小学校项目		2009 年 8 月 26～28 日，应缅甸计划与经济发展部副部长陈健率团访问缅甸。其间陈健副部长和郝因佐副部长分别代表两国政府签署了中国援助缅甸小型碾米机厂和乡村小学校项目的换文并交换了文本。
电力项目	邦朗水电站	中国云南机械设备进出口公司（滇企）	1993 年 10 月 6 日，工程于 1996 年 9 月动工兴建，2005 年 3 月完工。2005 年 6 月 30 日，云南机械设备进出口有限公司与缅甸电力部水电局在仰光签署了缅甸邦朗水电站二期工程（又称上邦朗水电站）项目谅解备忘录。
	德班塞水电站和孟东水电站	中国国际信托投资公司（央企）	1998 年 11 月，中国国际信托投资公司同缅甸电力部签署在实皆省建造孟东电站和德班塞水电站的合同，这两个小水电站的装机容量分别为 30 兆瓦和 75 兆瓦。孟东电站 2003 年 6 月开始设计和施工，德班塞电站 2002 年 6 月竣工，电站 1998 年 6 月完工。
	耶涯水电站	中国葛洲坝集团有限公司（央企）	2005 年 8 月中国葛洲坝集团有限公司与缅甸电力部电力局签署耶涯水电站建设项目。2010 年 2 月 18 日首台机组进入试运行，2010 年 12 月 13 日最后一台机组开始发电，电站总装机容量为 79 万千瓦。

续表 2-3

项目类型	项目名称	中资企业	项目进展
电力项目	瑞丽江电站	云南联合电力开发有限公司（滇企）	2007年6月25日，中国水利水电建设集团公司签署缅甸瑞丽江1级电站施工总承包工程合同，该项目以BOT方式运作，装机6台总容量60万千瓦。2008年5月12日，云南联合电力开发有限公司（YUPD）与缅甸电力部水电建设司在内比都签署《瑞丽江2/3级水电站合作开发备忘录》。
	萨尔温江上游电站	中国华睿集团公司	2007年4月5日，缅甸第一电力部水电实施司与中国华睿集团公司签署合作谅解备忘录，计划在掸邦北部的萨尔温江上游建设装机容量为2400兆瓦的水电站。
	勃固Kabaung水电站	中国重型机械总公司（央企）	2008年3月23日，缅甸Kabaung水电站举行竣工仪式，标志着水电站正式投入商业运行。Kabaung电站总装机容量3万千瓦。由中国重型机械总公司负责该项目的设计（含土建）、制造、运输、现场指导安装调试。
	太平江1级、2级电站	中国大唐公司（央企）	中国大唐公司与缅政府于2007年签署了在缅北克钦邦建设9座电站的协议。2008年10月，在克钦邦莫昌地区的太平江1级、2级电站开工，装机容量分别是24万千瓦和16.8万千瓦。
	密松水电站	中国电力投资集团（央企）	2009年12月21日，中国电力投资集团在缅投资的密松水电站举行开工庆典，该电站装机容量600万千瓦，2011年9月30日至今，缅甸政府搁置密松水电站。
	吉荣吉瓦水电站	广东珠海新技术有限公司	2012年3月31日，由广东珠海新技术有限公司承建的缅甸吉荣吉瓦水电站落成，年发电量7400万千瓦。
	马圭省敏达水电站	中国葛洲坝集团国际工程有限公司（央企）	2009年8月4日，中国葛洲坝集团国际工程有限公司与缅甸农业部灌溉司签署关于承建马圭省敏达水电站协议。该电站装机容量4万千瓦，缅方自筹资金，协议总金额1470万美元。

续表 2-3

项目类型	项目名称	中资企业	项目进展
电力项目	仰光燃煤火电厂	中国华能澜沧江水电有限公司（央企）	2010年2月11日，中国华能澜沧江水电有限公司、缅甸HTOO公司与缅甸电力一部水电电视划公司签署仰光燃煤火电厂项目开发权谅解备忘录。电站预计装机27万千瓦，由中缅双方按BOT方式投资开发。
电力项目	小奇贝施工电源电站	中国电力投资集团公司（央企）	2008年2月27日，中国电力投资集团公司与缅甸电力部水电建设司在缅甸内毕都签署《施工电源电站（小奇贝）合同》。中方将在恩梅开江河上建设装机容量为9.9万千瓦的施工电源电站，为开发恩梅开江、迈立开江和伊洛瓦底江密松以上流域电站建设提供施工电源。
电力项目	输变电站供货合同	中国浙江东方集团控股有限公司	2005年8月22日，中国浙江东方集团控股有限公司与缅电力部电局签署KENGTAWNG－LOILEM单回路，132KV输变电线路及变电站供货合同，金额456万美元。
油气项目	若开邦海域油气勘探开采	中国石油天然气股份有限公司（央企）	2005年11月，中缅双方签署关于共同开发缅甸境内天然气项目合作的谅解备忘录。2007年1月15日，中缅举行油气勘探开采合同签字仪式，中国石油天然气集团公司获得若开邦海域AD－1，AD－6和AD－8三个深海油气区块的勘探开采权。2008年6月20日，缅甸联邦政府、中国石油天然气集团公司和大宇集团联合体共同签署《缅甸海上A1、A3区块天然气销售和运输谅解备忘录》。
油气项目	中缅油气管道	中石油集团（央企）	2010年6月中缅油气管道项目曼德勒省勃生基段工程开工，现已投产使用。
油气项目	油气勘探供货合同	中国寰球工程公司	2005年8月13日，中国寰球工程公司－兰州石油化工机械设备工程公司联合体，天津机电进出口有限公司分别与缅能源部石油天然气集团公司签署包括两台石油天然气钻机、两台机械式深井钻机及相关油井勘探物资的供货合同，总金额8400万美元。

续表 2-3

项目类型	项目名称	中资企业	项目进展
矿产项目	莫苇塘镍矿	中国金宝矿业有限公司	2005年8月12日，中国金宝矿业有限公司与缅甸矿业部下属第三矿业公司在仰光签署了莫苇塘镍矿的合作勘探及可行性研究协议。这是中国企业继签署缅甸达贡山镍矿、孟育瓦等地铜矿勘探及可行性研究协议后的第三份矿业协议。
	达贡山镍矿项目	中国有色集团（央企）	2008年7月28日，中缅矿业首个合作项目，也是中国在东盟最大的矿业投资项目——达贡山镍矿生产合同签字仪式，该项目进入了实施阶段。
	莱比塘铜矿项目	中国北方公司（央企）	2010年6月3日中缅正式签署莱比塘铜矿项目合同。2012年11月18日起，该项目的建设工作全面启动。2012年11月18日起，该工程的施工被迫中断。2013年3月，缅甸议会独立调查委员会关于莱比塘铜矿的最终调查报告建议继续实施项目。
基础设施项目	密支那至班哨二级公路改建工程	云南建工集团（滇企）	2010年10月21日，云南建工集团与缅甸YUZANA集团签署密支那至班哨二级公路改建工程。该路段总长375公里。
	央东大桥	中国北方国际集团（央企）	2011年11月27日，在缅甸伊洛瓦底省央东镇举行了跨伊洛瓦底江央东大桥竣工典礼。
	帕克库大桥	中工国际工程股份有限公司（央企）	2011年12月31日，中工国际中资公司在缅甸承建的帕库公铁两用大桥举行通车典礼。
邮电项目	国家通讯骨干网改造	中国上海贝尔有限公司	2000年12月中国上海贝尔有限公司与缅甸邮电部签署缅甸国家通讯骨干网改造工程项目合同，该工程耗资近2000万美元，工期两年，中方负责提供5.5万门数字程控交换机、传输设备、外线电缆和综合数字用户网等在内的成套设备，并负责调试、安装和售后服务，缅方负责土建。
	供货合同	上海贝尔公司	2005年4月，上海贝尔公司与缅甸邮电通讯公司签署GMS信息高速公路缅甸段建设的供货合同。

续表 2-3

项目类型	项目名称	中资企业	项目进展
其他项目	实皆省望濑县沙伦基纺织厂	中国工程与农业机械进出口总公司（央企）	2001年6月中国工程与农业机械进出口总公司和缅甸第一工业部纺织局签订实皆省望濑县沙伦基纺织厂建设项目合同，总投资2192万美元，2005年11月25日，举行实皆省望濑县沙伦基纺织厂正式竣工剪彩仪式，正式投产。
	宾普纺织厂	天津机械进出口有限公司	2005年3月，天津机械进出口总承包合同金额约3200万美元的缅甸宾普纺织厂项目进行剪彩仪式。
	千船坞项目	山东省农业实业集团公司	2005年3月，由山东省农业实业集团公司总承包项目金额为2545万美元的缅甸15000吨干船坞项目进行交接仪式。
	达邦纸浆厂	中国冶金建设集团公司（央企）	2005年5月14日，由中冶建设集团公司（MCC）承建的缅甸最大的纸浆厂——达邦纸浆厂举行竣工典礼。
	子午线轮胎厂	中工国际工程股份有限公司（央企）	2010年2月10日，由中工国际工程股份有限公司承建的孟邦比林市子午线轮胎厂举行竣工典礼。该轮胎厂项目于2007年9月25日签署商业合同，2008年11月21日合同正式生效，合同工期18个月，项目金额3300万美元，资金来源为中国政府提供的优惠买方信贷。轮胎厂设计生产能力为年产30万条子午线轮胎。
	缅甸第四化肥厂	中国寰球工程公司	2010年12月，中国寰球工程公司承建的缅甸第四化肥厂竣工。化肥厂日产325吨合成氨和500吨尿素。
	德迈纺织厂改造项目	中国恒天集团	2011年2月22日，中国恒天集团所属中国纺织工业对外经济技术合作公司承包的缅甸国防部军需署仰光德迈2万纱锭、织、染改造项目举行向缅方交接验收仪式。

资料来源：根据中国驻缅经参处网站资料整理

3. 中国对缅投资存在的问题

中国对缅投资的许多项目是在缅甸军政府时期签署的，尽管投资成效显著，但暴露出的不足与问题也越来越明显。主要在于：中国对缅投资存在结构性失衡，投资项目过于集中于资源开发型领域，对缅甸的民生问题关注不够；投资和援助方式偏好与政府打交道，与民间的交往严重不足；投资企业在履行社会责任、保护环境和本土化建设方面也存在不足。

（1）对缅投资存在结构性失衡，过于集中于资源开发领域

1988年以来，中国对缅甸的投资尽管涉及各个领域，但对水电、矿产、油气、木材等资源开发性行业的投资集中度偏高，对当地社会发展和民生需求的领域投资不足。缅甸一些机构和民众对于中缅经贸合作中出现的自然资源被过度开采、生态环境被破坏、非法移民等问题日益不满，而且缅甸政府对于部分中资企业与缅北民地武合作开发木材与矿产也很不满。2011年密松电站暂停以来，资源性投资已越来越不受缅甸欢迎，政府对其限制越来越多。2012年9月，缅甸能源部曾表示从2013年开始，缅甸新发现的石油、天然气将不再向国外

出售，而是专供国内需求。①

（2）投资和援助方式偏好上层路线，不注重民间交往

缅甸军政府执政时期受到西方国家的经济制裁，并为国际社会所孤立，在经济上对我国依赖较大，在此特殊背景下我国对缅甸的投资和援助逐步形成走上层路线、偏重与军政府交往的行为模式，而较为忽视民间往来，没有重视缅甸公众中逐渐滋生的反华情绪，显示出我国政府和企业在公共关系方面的缺失。

缅甸经济落后，民众迫切希望外国的投资和援助能够让他们直接得到实惠，提高生活水平。以我国对缅援助为例，一方面我国援助项目大多是基础设施、生产设施，以及楼堂馆所等非民生型项目，缅甸底层民众难以从这些项目中获得直接的收益；另一方面我国对缅援助呈现"多政府间援助、少民间草根项目"的结构性特点，很多缅甸普通民众受惠不多、感受不深，一些缅甸民众认为中国"政府对政府"的援助方式"不接地气"，导致对我国援助项目的认同感不强，援助总体效果不高。比如，中国为缅甸政府援建体育馆和国际会议中

---

① "缅甸从 2013 年开始不再向国外出售石油与天然气"，缅华网，2012 年 9 月 8 日，http：//www.mhwmm.com/Ch/NewsView.asp？ID = 1504。

心，这些援助项目其实对普通民众的受益并不大。而且我国大量援助工程"只做不说"，主要是政府层面操作，普通缅甸民众并不了解。

从企业层面来看，我国投资企业，尤其是一些国有企业处理问题喜欢走上层路线，喜欢与所在国政府、企业和社区社团高层打交道，对所在国的社会舆论与公共关系关注不多，对积极利用 NGO 来促进经营也重视不够。许多到境外发展的国有企业把国内的行为习惯带了出去，"拉关系""走后门"等陋习也跟着走出去。他们与当地普通民众脱节，把援助和投资主要用于当地政府身上，不太考虑对普通老百姓的实际好处。中国企业在拨付征地补偿费时更多习惯于直接支付给当地政府，不管当地民众能否拿到或拿到多少。即使有些中资企业在缅甸做了不少的修桥铺路、修建小学校和卫生所等民生性的公益活动，但往往也"只做不说"或"多做少说"，不为当地民众、媒体和 NGO 所了解，公益活动的效果没有得到很好的彰显。此外，投资企业不注重与当地老百姓的沟通与协调。例如，当地民众对项目谈判的参与程度太低，导致他们对合同条款不透明和补偿不合理或不到位等现象有很多怨言。

（3）投资企业对社会责任的履行着力不够

在缅甸军政府统治时期，我国一些企业对当地履行社会责任的思想意识淡漠，有些企业几乎没有关于企业社责任的相关制度和工作安排，对当地社会缺乏必要的人文关怀和应有的回馈，从而在缅甸民众中留下不负责任的企业形象。以替代种植为例，某些投资者在缅北开展替代种植项目，他们通过与当地上层或军区司令签订合同，取得特许的土地，并与他们组建合资公司，共同分享股权和红利，而被征用土地的农民尽管获得一定的赔偿，但他们失去了维持生计的土地，传统生活被彻底改变，这些公司却没有充分考虑当地农民的传统生活方式和生活需求，且未对他们的未来生活提供足够的保障，致使他们对这些中方项目的认可程度不高。因此，我国对缅投资的企业特别是中小企业要更加积极地融入到缅甸社会，为当地民众造福，处理好与当地百姓的关系，争取缅甸社会和广大民众的广泛理解和支持，实现项目投资的双赢。

（4）投资企业对项目的本土化建设较为欠缺

中国在缅甸的投资企业对当地的价值观念和风俗习惯的了解不够充分，存在脱离当地社会、与当地社会的整合程度较低的情况。个别赴缅投资企业人员的素质较低，不尊重和遵守当地的风俗习惯、法律法规，认为缅甸人懒惰、不思进取，不愿意雇佣缅甸人。这些思想和言行严重制约了投资项目的本土化建设，从而导致我国企业在缅甸经常遇到与当地的宗教、文化出现碰撞，与缅甸人沟通困难，项目"水土不服",难以可持续发展等问题。因此,我国投资缅甸的企业需要融入当地社会,加强项目的本土化建设,多雇佣当地民众,真正实现项目的"落地生根"。

4. 中国对缅投资的影响

作为缅甸最重要的投资来源国,中国的投资对缅甸经济、社会和环境等各方面产生一系列影响,既有对经济社会发展的积极促进作用,也对社会和环境产生一定的负面影响。

(1) 对缅甸经济发展做出较大贡献

中国是缅甸最重要的投资国。尽管缅甸新政府上台以后中国对缅投资趋于下降(如图2-1所示),但一直以来中国投资在缅甸的外资构成中均占有重要地位。自1988年至2013年1月底,中国对缅投资规模领先于其他任何国家和地区,占缅甸外资总量的33.88%。[1]到目前为止,中国仍是缅甸最大的外资来源国。

中国的投资促进了缅甸的经济发展,在缓解就业压力、促进基础设施建设、改善民生等方面都发挥了重要作用。以中缅

---

[1] Ministry of National Planning and Economic Development of Myanmar, *Selected Monthly Economic Indicators*, April 2013, p. 68.

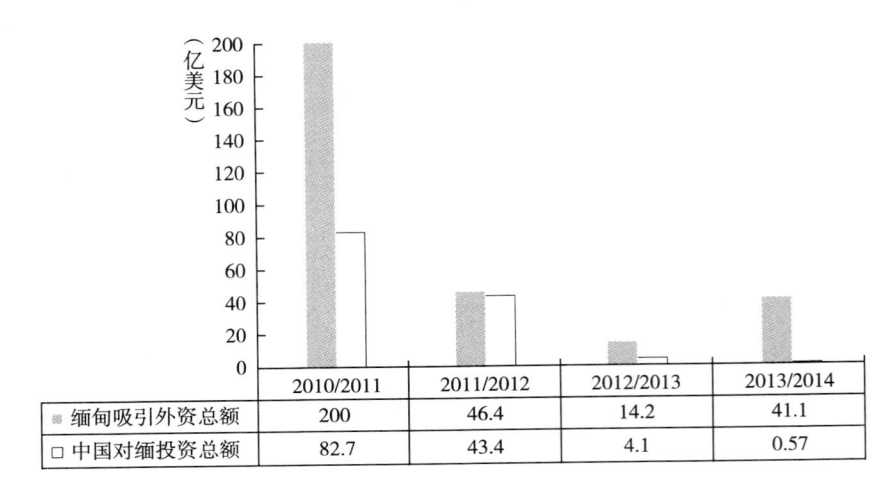

	2010/2011	2011/2012	2012/2013	2013/2014
■ 缅甸吸引外资总额	200	46.4	14.2	41.1
□ 中国对缅投资总额	82.7	43.4	4.1	0.57

图 2-1　中国对缅投资与缅甸吸引外资的关系

资料来源：Ministry of National Planning and Economic Development of Myanmar, *Selected Monthly Economic Indicators*, August 2014, p. 76.

油气管道项目为例，中缅油气管道不仅直接增加政府财政收入，为缅甸整体经济发展助力，还为沿线城镇和民众带来就业、技术和改善生活的机会，尤其是有助于改变沿线少数民族地区经济社会发展的落后面貌。缅方每年除收取天然气管道过境费和石油管道过境费各 690.5 万美元以外，还收到 1 美元/吨的石油过境费，这些费用给缅甸财政带来巨大收入。中缅油气管道从施工到运营为缅甸社会创造了大量就业岗位，缅甸工人占总用工量的 70% 以上，在施工高峰时雇用的缅甸籍员工达到数千人。在中缅油气管道起点的马德岛，中国公司为岛上居民修建了公路、学校和水库，曾经蛮荒的马德岛出现巨大变化，村民骑上了摩托车，用上了电话，有的还安装了电视接收器；在皎漂镇，随着中缅油气管道的实施建设，大量资金的投入，带动了皎漂镇经济的发展。

此外，我国从 20 世纪 90 年代初开始在缅北实施罂粟替代种植项目也为缅北经济的发展做出积极贡献，不仅使缅北罂粟种植面积由 20 世纪 90 年代最高峰的 248 万亩降至目前 63.7 万亩，使掸邦第一、二、四特区连续多年禁种，还提高了当地烟民收入，改善了他们的生产生活条件和水平（如改善道路、桥梁、房屋、供水、供电、教育和卫生设施等），使当地经济步入良性的可持续发展的轨道。

（2）对缅甸社会发展产生积极的推动作用

在对缅投资中，我国不少大型央企已经逐步重视履行企业社会责任，注重当地民生问题，对当地社会发展产生了积极的正向效应。例如，中缅油气管道项目实施中，修建了一座大型水库，方便了周边居民生产生活用水。中石油还向缅甸捐赠 130 多万美元，用于在管道沿线建设中小学等。[1] 云南省企业在缅北实施的替代种植项目也极大地推动了缅北社会的健康发展。通过替代项目改变了缅北地区居民依赖罂粟种植的传统观念和生活方式，改善了当地落后的基础设施状况和生产生活条件，解决了居民缺医少药、看病难、上学难等问题，提高了居

---

[1] 《中国投资显著改善缅甸民生》，人民网，2011 年 10 月 7 日，http://yn.people.com.cn/GB/bridgehead/15822403.html。

民的医疗健康水平和文化素质，促进了当地社会事业的发展。以云南金晨投资有限公司在缅北佤邦实施的萨尔温江替代发展示范园为例，公司 30 万亩示范园项目的实施，把区内原来依靠种植罂粟谋生的广大农民吸引进来参与示范园内农经作物的种植和生产，使他们获得了长期且稳定的正当经济收入，摆脱了对毒品种植的依赖，过上正常健康的生活。园区现已吸纳 3000 名原烟农，如果按以前 1 名烟农种植 10 亩罂粟计算，相当于为当地减少了 3 万亩的罂粟种植面积，为社会禁毒做出积极贡献。当地大部分原烟农以前居住在高海拔的高寒山区的茅草屋，居住条件十分艰苦，房屋无法遮风挡雨，到 2012 年底公司为他们建造了 5760 平方米的铁皮瓦的移民安置房；并投资千万余元为居民修建了四季均可通车的沙石路面公路 528.80 公里，建造桥梁 10 座，涵洞 706 个，打通了他们与外界联系的通道，还投入巨资建设了 4 所学校和 4 个卫生所，使当地教育和医疗资源实现从无到有的突破。这些有利于民生的公益事业获得当地政府和老百姓的一致称赞。

（3）个别投资项目对缅甸环境造成潜在的影响

中国许多中小企业和民营企业的管理水平较低，社会责任感和社会诚信意识不足，在环境保护意识方面比较淡漠，很多中小型企业没有专门的环保部门也没有设立内部环境管理规章，只是以维持基本的环境保护责任为目标，这些企业把注意力主要集中在如何发展企业上，较少关注环境保护能力的提高。某些在缅甸从事农业替代种植投资的中小企业和民营企业，由于实力较弱，在履行企业社会责任和环境保护方面都相对较差，存在对当地环境造成潜在负面影响的不规范行为。我国在缅北大规模的橡胶替代种植项目就受到破坏生态的指责。尽管大规模境外种植橡胶以及烧荒垦植不全是我国企业做的，但投资主体是中国企业，缅甸政府以及国际社会只会把这些地区生态环境恶化的原因归罪于中国，而不是缅甸特区政府。此外，我国有些企业在缅甸采矿时缺乏相应的环保措施，一定程度上造成当地生态环境的破坏。

5. 中国对缅投资的重点项目

（1）中缅油气管道

中缅油气管道的建设计划早在 2004 年提出。经过 6 年的谈判，2009 年 3 月，正式签署政府协议。6 月，中石油集团与缅甸联邦能源部签署《关于开发、运营和管理中缅原油管道项目的谅解备忘录》。中缅油气管道是原油管道和天然气管道并行的双管线，2010 年 6 月曼德勒省勃生基段工程开工。2013 年 10 月中缅天然气管道全线贯通，11 月开始试运行。中缅原油管道于 2014 年 5 月 30 日全线机械完工具备投产条件，

2015年1月原油管道工程的缅甸段基本建成,并于1月30日在缅甸皎漂马德岛举行试运行仪式,马德岛港也同时正式开港。

中缅油气管道项目是中缅最重要的油气合作项目,由中缅印韩四国六方公司合作投资,分别占股50.9%、7.4%、12.5%、29.2%。在中缅石油管道施工过程中,中方在社会公益等方面也投入大量资金和精力。但是在这些行为过程中,中石油只是公益项目的出资方,无法深入当地民间,许多工作如征地、安置等则由缅方负责,管道沿线的一些地区和民众未能得到多少实惠。① 因此,项目得不到广泛认可,屡遭民间抗议的阻力,导致工期延误及造价超支,"原计划投资25.4亿美元的工程达到了50亿美元"②。如今中石油及相关公司正在制定新计划,促使沿线民众自愿保护、爱护中缅油气管道,保障项目运营后的长治久安。但是,中缅油气管道建成后,缅甸国内武装冲突的影响因素依然存在,未来风险仍旧不容忽视。

(2) 密松电站

密松电站属于中缅两国政府间的合作项目,项目位于恩梅开江与迈立开江下游合口交汇形成的伊洛瓦底江干流河段上,

---

① 《专家称中缅油气管道苦果已现:对缅政局变动战略误判》,搜狐财经,2013年6月17日,http://business.sohu.com/20130617/n379018000.shtml。

② 尹鸿伟:《中缅油气管道前景未卜》,《凤凰周刊》2013年第25期。

装机容量 600 万千瓦，年发电量 308.6 万千瓦时，总投资 36 亿美元。原计划 2017 年建成，由中电投负责运营 50 年后，无偿移交给缅甸政府。在特许经营期间，90% 的电力可供缅甸市场使用或输往中国，缅甸政府可以通过股权分利、免费电量（10%）、税收等方式获利。① 2009 年 12 月，密松水电站开工建设。在 2011 年 2 月，当时的缅甸总理即稍后就任总统的吴登盛在视察密松电站时，还曾催促中电投要加快建设进度。9 月 11 日，缅甸第一电力部部长曾在新闻发布会上，就外界对密松电站的质疑做出了澄清，并表示缅甸政府将按照合作协议，继续推进电站的建设。但在 9 月 30 日，缅甸单方面宣布，在吴登盛的总统任期内，缅甸政府将搁置密松水电站。②

"密松事件"对我国在缅甸的整体投资乃至中缅关系都有一定程度的负面影响，这些影响至今没有消除。在缅甸政府叫停密松水电站项目之后，我国在这一领域的大型投资计划基本停滞。从后来的情况看，缅政府也没有在 2015 年大选之前收回搁置的决定。2015 年 9 月 21 日，昂山素季在仰光举行大选前的拉票活动时，有民众问起密松水电站搁置的主要原因。昂山素季表示，"如果民盟 11 月赢得大选，进而筹组政府，将会把合同内容向民众公开，然后再做决定是否重建"。同时她也

---

① 李晨阳：《缅甸政府为何搁置密松电站建设》，《世界知识》2011 年第 21 期。
② 李晨阳：《缅甸政府为何搁置密松电站建设》，《世界知识》2011 年第 21 期。

称，如果缅甸想要在国际上做个有尊严的国家，"必须遵守签署合同的承诺"①。这是昂山素季大选前首次就密松水电站是否重启的问题进行表态，从另一方面也体现了大选前缅方在密松事件上给出解决思路。

（3）莱比塘铜矿

莱比塘铜矿项目是我国企业继达贡山镍矿和莫苇塘镍矿之后与缅甸签署的第三份矿业合作协议，是中国北方公司下属的万宝矿业公司与缅甸联邦经济控股公司的合资项目，预计总投资10.65亿美元。2010年6月3日，中缅签署正式合同，2011年7月8日，中国水电中标承建该项目。2012年3月20日启动项目建设。但自开工以来，当地居民不时地发起抗议活动，要求中方公司停止开采。11月19~28日间抗议活动进入高潮，迫使项目施工全部中断。此后，吴登盛总统任命了一个议会独立调查委员会对铜矿环保、社会影响及民生效益等问题展开全面调查，该委员会由昂山素季领导。2013年3月11日，调查委员会对外公布了调查报告，建议继续实施该项目，但需采取必要的改进措施。

与密松电站直接被叫停不同，缅甸此时的国内环境已大不

---

① 《昂山素季为缅甸大选造势 首次表态密松水电站是否重启》，2015年9月23日，资料来源：人民网，http://world.people.com.cn/n/2015/0923/c157278-27624071.html。

一样，缅甸对经济社会领域的改革已初显成效，与昂山素季已结成合作伙伴，国内政局正趋向稳定，政府的首要任务是发展经济。昂山素季领导的调查委员会经过科学调查和实地走访，认为铜矿项目在增加征地补偿、改善环保等改进措施之后可以继续。她还向抗议民众表示：中缅合资铜矿是签约项目，如果停止将损害缅甸信誉，破坏缅甸与邻国的关系，从而影响未来的经济发展。越来越多的村民接受昂山素季的解释，接受调查报告的结论和建议。在正面舆情民意的氛围下，铜矿地区一些顽固的当地和外来示威者偃旗息鼓。在仰光的多个反项目组织也基本转向，不是保持沉默，就是表态支持。① 事实上，投资莱比塘铜矿项目的中国万宝公司在当地履行社会责任方面已做得较好。2012年万宝公司在仰光成立公共关系处，除了在涉及搬迁和征地的33个村庄吸纳村民作为公司社区发展的代表外，还设立信息中心，由专人负责收集民众诉求，解答当地民众关注的问题。根据缅甸政府报告的建议，万宝公司按照每英亩5万缅币（合52美元）的价格对村民们做出补偿。并拿出大笔资金，用于在莱比塘铜矿的周边建设新学校和图书馆并翻修公路等。② 在促进当地经济社会发展方面，2012年万宝矿产

---

① 《昂山素季力挺中资铜矿再出发》，《国际先驱导报》2013年3月22日。
② 《吴登盛访美：美缅关系走向正常化》，中国国际问题研究所网站，2013年5月23日，http://www.ciis.org.cn/chinese/2013-05/23/content_5974377.htm。

共投资5亿美元，为当地创造了2000个就业机会。同时，万宝矿产每月在电力、采购、设备租赁以及物流方面还要支出1200万美元。① 此外，万宝公司为从当地农民手中征用的7000英亩土地支付了500万美元的征地补偿款，并另外支付了600多万美元用来修建新的安置村和寺庙，以及用来支付各种搬迁费用。在环境保护方面，2012年10月23日，万宝公司组织召开了一次环保研讨会，邀请了当地政治、学术和媒体界的朋友参与讨论。万宝公司还请来了仰光大学的专家和教授，在实验室中对水源样本进行检测，结果符合各项标准。此外，万宝公司还启动了矿井关闭、回填和复耕计划，并为此分别提供了1800万至3000万美元不等的预算。

但是，项目所在地区仍爆发了大规模的抗议活动，当地民众反对项目的理由是：征地补偿远远低于市场价格，环境和文化遗产遭到破坏，水源被污染，中国员工的所作所为，以及对当地村民极不负责的态度等。究其原因，这与万宝公司"只做不说"或"多做少说"不无关系，公司缺乏公关宣传，普通民众并不了解实情，没有感激之情。2012年10月9日，缅甸人权委员会对莱比塘项目调查时就提出建议：项目应该更加透明，项目应向媒体透露更多信息，项目应更加注重公共关系

---

① 缅甸战略与国际问题研究中心（CSIS）、缅甸发展与资源研究所（MDRI）：《中欧美日在缅履行国际社会责任对比研究》（翻译稿）。

(PR)活动等。尽管项目恢复建设,但中国公司为此付出了很大代价,被迫与缅方重拟了合同,降低了持有的股份,增加了土地征用的赔偿金,且铜矿的开采被推迟了两年之久。同时,在项目再次恢复建设的过程中仍发生村民的抗议事件。2014年12月22日项目进行围挡建设时,受少数激进分子的鼓动,约100多个村民围攻、阻挠施工的中方人员和执行警卫工作的警察,场面几度失控,并造成1名村民死亡、20多人受伤的悲剧。随后缅甸莱比塘计划落实委员会经过仔细核查,于2015年1月5日发表公报肯定了缅中双方的经济合作。公报着重指出莱比塘铜矿项目既是缅甸国家重点项目之一,也是缅中经济合作的重点项目之一,对于缅甸国家经济利益、当地经济利益以及下一代民众的经济利益都有着深远而切实的意义。2015年2月初,项目全面复工,计划2015年年内完成矿山建设,2016年初开始试生产。

(4)达贡山镍矿

达贡山镍矿项目是中缅首个矿业合作项目,也是中国在东盟最大的矿业投资项目,迄今为止我国投资金额约为55.89亿元人民币。2008年7月28日,中国有色集团、缅甸第三矿业公司和中色镍业有限公司在缅甸新都内比都举行项目的生产分成合同签字仪式,标志着该项目进入了实施阶段。依据合同,项目于2008年下半年开工,2011年投产,服务年限20年,预计年生产镍铁8.5万吨,含镍金属2.2万吨。2011年3月27日,达贡山镍矿项目矿山系统正式投产。2012年10月3日,项目1号电炉成功产出首炉镍铁。2013年9月20日,达贡山镍矿项目通过考核验收。① 达贡山镍矿项目是我国在缅实施进展较为顺利的大项目,几乎没有引致负面评论,年产8.5万吨的镍矿不仅为我国不锈钢生产提供了可靠稳定的原料供应,成为我国太钢生产不锈钢的重要原料,也为推动缅甸经济发展做出积极贡献。

(5) 替代种植项目

20世纪90年代以来,为从根本上铲除境外毒源日益严重的威胁与危害,云南省边境地州按照政府支持、企业经营、双边协商的原则,在缅北开展了以粮食、橡胶、甘蔗、茶叶、水果等农经作物替代罂粟种植的工作,并取得了初步成效。但是,实施替代种植的企业少、品种少、面积小。经过十年的探索实践,我国政府把境外罂粟替代种植工作纳入禁毒战略和沿边开放战略。2000年2月,根据国务院的指示,国家计委下发的计办经贸〔2000〕287号文件规定,对进入中国国内市场的替代罂粟种植的农经作物,在核定的品种和数量范围内,免

---

① 《缅甸达贡山镍矿项目通过缅甸项目验收组验收》,长江有色金属网,2013年9月27日,http://www.ccmn.cn/html/news/ZX018/201309/ff808081414f82b001415e4d15be1642.html。

征关税和进口环节增值税。2004年12月，由商务部牵头成立"国务院122工作组"，领导和协调云南省境外罂粟替代种植工作。云南省参与替代种植的企业、品种、面积都逐步增加，替代种植的成效和影响进一步扩大。2006年，《国务院关于在缅甸老挝北部开展罂粟替代种植发展替代产业问题的批复》（国函〔2006〕22号）下发以来，国家加大了政策扶持力度，境外罂粟替代种植进入快速发展的新时期，取得了阶段性、多方面的成效。2007年，中缅两国政府签署了开展替代种植的行动方案。截至2014年年初，初步统计替代种植面积约200万亩，主要分布在掸邦和克钦邦。[①]

替代种植项目为缅北经济的可持续发展发挥了积极作用。缅北地区的烟农参与到替代种植中来，掌握了一定的生产技术，改变了他们传统的生产方式，在一定程度上推进了传统种植业向科学化、规模化发展，生活水平得到显著提高。同时，替代企业通过修建公路，建设桥梁、电力线路、灌溉和饮用水渠道等举措，支持了当地经济社会发展。

但是，进一步推进替代种植发展仍面临着许多困难和问题。首先，替代种植合作并未上升到国家层面的合作，基本上是中方单方面在推动，缅方配合、支持不够。中缅替代合作规划尚未编制，与缅方的合作机制建设滞后，缺少相应的双边合

---

① 《让罂粟花开成为历史》，《云南法制报》2014年2月14日。

作条件，面临重大的突发性事件时，缺乏及时而有力度的双边沟通与磋商，不利于替代产业的进一步发展。其次，我国对替代种植产品的返销进口支持力度不够。国家有关部门对境外罂粟替代种植农产品返销进口计划管理基本上是一个"均衡增长"模式，即每年农产品返销进口计划比上年度略有增长，难有大的增长。而随着当地甘蔗、玉米等农作物种植规模扩大，在替代作物中规模最大的橡胶，已逐步进入割胶期，产量增长较大。缅政府部门和当地百姓多次要求中方扩大农产品进口计划，以增加当地百姓收入和政府税收，巩固禁种除源成果。最后，替代企业的经营管理能力不够。替代种植以云南边境地区的小微企业为主体，普遍存在经营管理水平低等问题，而国内大企业、大集团往往很少参与。

6. 中国拟在缅投资的主要项目

（1）皎漂港及昆明—皎漂铁路

皎漂港位于缅甸若开邦的皎漂县，是朝向印度洋的天然良港。随着经济发展的需要，近几年缅甸木材、矿产品、石油天然气等大宗物资的出口急剧增长，缅甸急需一个大型港口，因而缅甸交通部门计划在皎漂附近的马德岛上建设30万吨深水码头，建成后的皎漂港将成为缅甸最大的远洋深水港，这有利于改善缅甸海运设施的不足。中缅油气管道项目的港口终端就建在皎漂港。缅方计划在油码头的基础上，把皎漂建成大型的综合性港口，今后可承担缅甸以及中国西部与欧洲、非洲、中东盟地区的物资往来。2014年12月缅甸能源部负责人在皎漂经济特区管理委员会与皎漂经济特区审查委员会关于皎漂深水港建设的委员会议上宣布，皎漂深水港将于2015年1月30日正式投入运行。

同时，缅甸政府计划以皎漂港为依托建设皎漂经济特区。2007年缅甸军政府就提出将皎漂建成经济特区，2013年9月缅甸新政府宣布即将开始建设皎漂经济特区。2014年2月，进行了特区顾问工作组和开发咨询公司的招标筛选。3月，皎漂经济特区工作委员会宣布聘请新加坡CPG集团（Creative Professional Group）担任咨询公司，服务费约240万美元；7月国际开发商的招标工作开始进行。国际招标的范围包括港口建设、工业区建设和基础设施建设，针对3个领域选择3家开发商。原计划2014年底完成选标工作，12月公布中标开发商名单，2015年3月开始项目建设。中国中信集团组成的联合体参与了皎漂经济特区的投标，但中标结果尚未公布。

昆明—皎漂铁路是从中国昆明经由瑞丽进入缅甸，贯穿缅甸东北部、中北部到西南部、联通皎漂深水港的铁路。铁路贯通后，将成为中国运送物资到海外的大通道，号称中国西南战略大通道。2010年昆明—皎漂铁路工程项目公开。2011年4

月，中国铁路工程总公司与缅甸铁道运输部签署《关于缅甸木姐—皎漂铁路运输系统项目合作谅解备忘录》，中缅将以BOT方式建设木姐—皎漂铁路，计划于2015年前建成。同年5月，中国铁路工程总公司与缅甸铁道运输部签署《关于缅甸木姐—皎漂铁路运输系统项目谅解备忘录补充协议》，协议项目在3年内启动，由中方负责筹措建设资金，拥有50年运营权。但是此后项目没有任何进展。随着缅甸国内形势的变化，缅甸部分民众、社会组织及一些政党表示反对项目的实施，宣称该项目将会给当地带来负面影响，缅甸的《十一周刊》等私营媒体甚至宣传中国旨在通过基础设施建设"将缅甸拦腰截断"，威胁缅甸的国家安全等①。2014年7月，协议到期后，缅甸已宣布取消昆明—皎漂铁路工程的建设。

（2）中缅境外经贸合作区

位于皎漂的皎漂临港工业新城和密支那的中缅密支那经济合作开发区是中缅之间拟议中的境外经贸合作区，但两个项目的进展都面临不少困难。

皎漂临港工业新城是中国中信集团在2009年12月习近平副主席访问缅甸期间，同缅甸计划和经济发展部签署《中国

---

① 《俄罗斯-乌克兰克里米亚事件以后轮到缅-中佤邦?》，缅甸《十一周刊》2014年3月16日。

中信集团与缅甸国家计划和经济发展部关于缅甸皎漂经济技术开发区、深水港、铁路项目合作备忘录》后规划建设的一个综合性工业新城。该项目的目标是，经过 30~50 年的协调发展，最终建设成为一座以重化工业和港口物流业为经济主体，第三产业相对发达，文化繁荣、生态宜居的现代化港口工业城市，成为缅甸区域性工业、科技、金融及文化中心城市，成为缅甸经济发展和城市化进程中的典范。备忘录签署以后，中国商务部、外交部相关部门多次组织有关人员研究、考察项目，提出指导性意见。中信集团与缅甸计划部、交通部、铁道部、工业发展部多次沟通，先后向缅方提交了《缅甸皎漂经济技术开发区概念规划设计方案》《缅甸皎漂经济技术开发区合作模式构想》《缅甸皎漂经济技术开发区初步经济分析》，并得到了缅方的认可。据中信集团初步研究，经贸合作区规模巨大、开发周期长、涉及行业众多、经济效益存在很大不确定性，且缅甸政府表示既不会投资也不会借贷支持经贸合作区。

2011 年 1 月，中信建设与合作伙伴缅甸图（HTOO）公司高层举行会议，就项目进展情况及未来计划进行沟通，双方同意将首先启动港口项目。3 月初，中信建设工作组赴缅，与合作伙伴缅甸图公司就启动港口项目相关事宜进行磋商。双方就《中信建设与缅甸港务局港口项目合作备忘录》进行协商并达成了初步共识，将上报缅甸交通部，争取于 5 月份签署。5月，缅方交通部提交《皎漂深水港项目备忘录》至缅甸内阁审批。10月5日，缅甸投资委员会主席组织发展计划部、交通部、铁道部和能源发展部召开了关于皎漂深水港项目的专题会议，会议内容主要为：缅甸港务局将做一个皎漂深水港项目的总体规划；总体规划报政府批准后，将邀请感兴趣的投资商，通过吸引外资的形式进行港口建设。如前所述，现皎漂深水港建设正在稳步推进，而缅甸皎漂临港工业新城的建设实际上仍停留在深水港建设阶段，未有实质性进展，中信集团还在保持对该项目的关注。

"中缅密支那经济合作开发区"项目，是在2007年6月的"滇缅经贸合作论坛"第一次论坛会上，由云南省工商联等部门与缅甸联邦工商会共同发起的。开发区位于缅甸联邦北部密支那省境内，项目规划建设四大功能区。① 据了解，开发区的各项工作总体上进展比较缓慢，只有生态工业园区建设取得一些进展。据保山市商务局提供的材料，密支那生态工业园区的建设正在积极开展，主要是以工业发展带动农业种植，以农业替代种植促进工业加工。密支那周边土地肥沃而平坦，云南省保山市已组织实施10多个替代种植项目，实施木薯、水稻种植项目50万亩，累计种植木薯面积17万亩，平均亩产鲜木薯3～4吨，总产量平均在68万吨左右。为充分发挥保山沿边优

---

① 《"中缅密支那经济合作区"项目规划完成》，《云南日报》2009年9月16日。

势,提高保山市对毗邻国家市场开拓能力,云南省保山市委、市政府决定在腾冲县中和乡新建"20万吨生物乙醇工程配套项目"(项目一期年产10万吨生物乙醇)。该项目分两期建设,一期工程年产10万吨生物乙醇,二期工程再建设一条年产10万吨生物乙醇生产线。乙醇生产以木薯为原料,利用腾冲县有利的地理位置,依托境内、境外两个市场,充分利用缅甸密支那丰富的热区土地资源和劳动力丰富的有利条件,以境外为主、境内为辅,建设境内、境外两个木薯产业生产基地,由云南煤化工集团有限公司、腾冲县明光矿业有限责任公司、保山市水长投资开发有限责任公司共同出资组建新公司,新公司负责乙醇加工厂建设和经营管理,腾冲明光种业有限责任公司负责在缅甸密支那、缅北等地组织种植木薯。项目总投资27057.26万元,建设规模达年产20万吨生物乙醇,其中一期年产10万吨生物乙醇。目前该项目已进入试车投产阶段。

(3) 孟中印缅经济走廊建设能源合作中涉缅部分

孟中印缅次区域是能源相对匮乏但又急需能源发展经济的地区,区域内的能源合作以双边合作为主,多边能源合作不多。2013年2月,孟中印缅地区合作论坛第十一次会议在达卡召开,会议提出了能源合作作为地区合作的重要内容,强调了四国能源合作的必要性和重要性。对于缅甸来说,如果能够同时与中国和印度开展能源合作,依托中国和印度这两大经济体，也将使自身的经济得到新的发展机会。根据一份内部研究报告，未来中方可设想通过"早期收获"项目来推动孟中印缅经济走廊的能源合作。这些"早期收获"项目包括：

1）中缅油气管道在缅甸境内的分输工程。

通过为缅方的设施建设提供一定的资金和技术援助，来促使相关工程在中缅油气管道投产前顺利完工；同时，为了使缅甸能充分利用从中缅油气管道分输口下载的油气，中方可以根据缅甸对油气的既定用途设计，帮助缅甸建设油气发电厂、改造和新建区域油气分输管网。

2）小其培电站民生用电示范工程。

由中电投云南国际电力投资有限公司开发建设的小其培电站位于伊洛瓦底江上游干流恩梅开江与一级支流其培河交汇区，装机量为99兆瓦，年发电量为5.99亿千瓦时。其规划的主要用途是为伊洛瓦底江密支那以上流域拟开发的耶南、广朗普、匹撒、乌托、其培、腊萨、密松水电站提供施工所需电源。2011年9月，小其培电站首条110千伏线路首次送电试验成功，具备了向密支那输送优质电力的条件。在2012年缅甸政府军和克钦独立军的冲突中，小其培电站曾遭到破坏。2013年9月，小其培电站恢复发电，并相继向其培市和密支那供电。考虑到小其培电站所在地以及周边城市严重缺电，中电投伊江公司可以协助扩大周边地区的电网建设，在未来的发电方案中应进一步扩大小其培电站向缅甸城乡的供电范围，为周边地区提供更多的低价电力，以实际行动履行具有企业特色的社会责任。

3）积极参与缅甸的电网改造与建设。

缅甸的电网改扩建工程比较浩大，涉及输电、配电、变电建设等各个环节，对设备、技术、管理等各方面要求都较高。中方可根据缅甸电力发展的需求，争取与缅甸合作开展仰光和曼德勒的电网改造项目。提供专项援助资金，免费帮助缅甸在这两个城市实施电网入户改造工程。以此提高缅甸最大的两个城市的电力输送能力，降低电力传输损耗率，使这两个城市的居民能切身感受到中缅能源合作项目带来的实惠和中国的善意。

4）援助缅甸开展能源发展规划研究项目。

缅甸不仅不清楚本国的能源现状，对未来的能源发展也缺乏整体的、长期的规划。帮助缅甸出台国家能源发展规划，不仅有利于引导其国内能源工业有序发展，同时也有利于中方了解其能源发展前景，更好地与其开展能源合作。

5）加大新能源科技培训力度。

充分利用中国－东盟教育培训中心新能源与可再生能源科技培训中心和云南省沼气工程技术研究中心等现有的培训机构，为孟加拉国、印度和缅甸的技术人员提供短期培训。

三 缅甸政治经济转型对中国在缅投资的影响分析

转型期的缅甸,有着政治生态多元化、利益诉求多元化,影响因素复杂化,媒体和 NGO 的作用上升,民众的权益自我保护意识增强等明显特征。显然,这些情况对中国在缅投资构成了多方面的影响。在第一部分分析转型的内在特征及变化趋势,以及第二部分分析中国在缅投资的基本情况的基础上,本部分重点分析缅甸政治经济转型对中国在缅投资所产生的影响,产生影响的原因,以及此背景下中国在缅投资的发展前景。

1. 对中国在缅投资的影响

外界将密松水电站、莱比塘铜矿、中缅油气管道视为"中国在缅三大投资项目",认为其可以被用来检验吴登盛政府与中国的关系变化,但这些大型投资项目恰恰在缅甸政治经济转型以来遭遇了民意危机。目前,中缅天然气管道投入运行,莱比塘铜矿部分复工,密松水电站却依然前景不明。缅甸政治经济转型所带来的诸多变化,对中国在缅投资造成了负面影响,已经损害了中国在缅经济利益,导致中国投资的风险和成本增加。

(1) 中国在缅投资额下滑严重

自缅甸政治经济转型以来,中国(含香港地区)对缅协议投资额暴跌:从最高峰的 2010~2011 财年(2010 年 4 月 1 日至 2011 年 3 月 31 日,以下财年以此类推)的约 140.67 亿美元、占缅甸吸引外资的约 70%;此后持续下跌,2011~2012 财年约为 43.46 亿美元,但由于其他国家对缅投资也大幅减少,中国当年对缅投资仍超过缅甸吸引外资总量的 90%;2012~2013 财年约为 3.16 亿美元,占缅甸同期吸引外资总额的 22%;2013~2014 财年再度跌至 1.64 亿美元,占缅甸同期吸引外资总额的 4%;2014~2015 财年,中国在缅投资约 11.43 亿美元,占缅同期吸引外资总额近 14%[1]。与中国相比,西方国家 1988~2010 年间的对缅投资很少,但自 2011 年来增加较快。英国已经成为缅甸主要外资来源国之一,根据缅甸投

---

[1] Directorate of Investment and Company Administration, *Myanmar*, *Foreign Investment of Permitted Enterprises as of* (31/5/2015) (*by country*), http://dica.gov.mm.x-aas.net/.

资与公司管理局 2015 年 5 月 31 日的统计数据，英国对缅协议投资总额约为 40.51 亿美元，荷兰约为 9.81 亿美元，法国约为 5.42 亿美元，日本约为 5.16 亿美元，美国约为 2.46 亿美元。加拿大约为 1.96 亿美元，澳大利亚约 1 亿美元。总体而言，自转型以来，中国在缅甸吸引外资增量格局中的比重偏小。

但从累计投资总额来看，与其他国家相比，目前中国仍是缅甸最大外资来源国。根据缅甸投资与公司管理局 2015 年 5 月 31 日的统计数据，中国（含香港、澳门）对缅甸投资总额约为 219.12 亿美元（尽管有些项目的落实遇阻），占缅甸吸引外资总额 565.36 亿美元的约 39%。尽管西方国家对缅投资有所增加，但其总量仍远远不及中国在缅投资总量。而且，在 2011 年 9 月密松事件后，这种违背合同、有失信誉的做法，也打击了国际投资者的信心，缅甸吸引外资总额从 2010～2011 财年的 199.99 亿美元的巅峰向下滑落，此后四个财年再也未能达到这个峰值，2011～2012 年财年为 46.44 亿美元，2012～2013 财年为 14.19 亿美元，2013～2014 财年为 41.07 亿美元，2014～2015 财年为 80.11 亿美元，算是有所恢复[①]。

密松事件成为中国对缅投资的分水岭，在事件以前，中国

---

① Directorate of Investment and Company Administration, *Myanmar, Foreign Investment of Permitted Enterprises as of* (31/5/2015) (*by country*), http://dica.gov.mm.x-aas.net/.

对缅投资呈现快速增长的趋势。在事件之后，中国在缅投资下滑，特别是新增大型投资项目大幅减少。中国大企业普遍担忧对缅投资安全，不敢大举增资，谨慎观望。虽然中国在缅投资额有所波动，但在另一方面，中缅贸易却创下数个历史新高，成为中缅经贸关系稳定的新"压舱石"。2014年，中缅贸易总额249.73亿美元，同比增长146.03%；中国对缅出口额93.70亿美元，同比增长27.66%；对缅进口达156.03亿美元，同比增长455.18%；缅甸对华贸易顺差达62.33亿美元，一改多年来对华贸易逆差多年持续攀高的局面（2013年缅甸对华贸易逆差达45.29亿美元），中国从2013年的缅甸最大贸易逆差国一跃成为缅甸最大贸易顺差国①。

（2）中国企业在缅投资活动面临西方企业的强有力竞争

随着缅甸政治经济转型的持续推进，西方国家逐步取消对缅经济制裁。美国、日本、韩国等国努力寻求与新生的缅甸政权结交，客观上对中国在缅投资造成了一定的消极影响。除了原有的中国投资项目受到更多的政治责难外，在电信、金融及

---

① 《2014年1~12月我对亚洲国家（地区）贸易统计》，中华人民共和国商务部网站，2015年1月30日，http://yzs.mofcom.gov.cn/article/g/date/201501/20150100884111.shtml。由于统计标准不一，缅方对中缅贸易的统计数字与中国商务部数据有出入。

交通等新投资领域也遭到西方企业强有力的竞争。特别是美缅关系的解冻和改善,给中国在缅投资带来的影响主要在于两个层面。一是官方层面,今后不管是涉及战略安全还是基础设施建设,缅方都可能会考量美国的态度与反应,对于中缅投资合作会更加谨慎。二是民间层面,缅甸普通民众受到美式价值观、民主观、消费观的影响,对中国的文化观念、政治体制等方面的认同感可能会下降。并且,随着缅甸和美国关系的改善,一些亲西方人士在缅甸政坛上日益活跃,影响也越来越大。相对而言,不论是缅甸政府内部还是民间的对华友好人士,他们的影响力却在下降。① 中国企业在这样环境下投资缅甸,必然要付出比过去更多的努力。

(3) 中国在缅企业调整企业行为

面对缅甸当前复杂的局势,舆情发生的变化,中国企业采取了积极的应对措施。加大对企业社会责任的重视和投入,提升透明度。在缅甸的项目都扩大招用和培训当地工人,尽量采购缅甸的物资,深化与当地的利益融合,并积极与当地媒体的沟通,此前"一边倒被抹黑"的尴尬境地有所改善。② 2013 年

---

① 李晨阳:《2010 年大选之后的中缅关系:挑战与前景》,《和平与发展》2012 年第 4 期。
② 卢光盛、金珍:《缅甸政治经济转型背景下的中国对缅投资》,《南亚研究》2013 年第 3 期。

7月6日中国驻缅使领馆、企业协会以及中电投云南国际电力投资有限公司在内的多家中国企业在仰光举行了在缅中国企业媒体见面会，共同发布了《驻缅甸中资企业倡议书》，旨在倡导企业积极履行社会责任、诚信经营、保持项目透明、接受公众监督。①

承建密松水电站的中电投增加公司管理层与媒体的沟通，以及向当地社区做宣传等，以争取民众对电站项目的支持。②万宝矿产于2012年在仰光成立了公共关系处。除了在涉及搬迁和征地的33个村庄吸纳村民作为公司社区发展的代表外，还设立信息中心，由专人负责收集民众诉求，解答当地民众关注的问题。万宝矿产还就铜矿扩张征地对村民们做出补偿，根据缅甸政府报告的建议，万宝矿产按照每英亩5万缅币（约合52美元）的价格做出补偿，并拿出大笔资金，用于莱比塘铜矿的周边建设新学校、图书馆并翻修公路等。③

（4）中小企业和民营企业积极在缅寻找市场

由于缅甸的投资环境发生了巨大变化，中国企业特别是央

---

① 《中国企业在缅积极投身公益》，《昆明日报》2013年9月17日。
② 卢光盛、金珍：《缅甸政治经济转型背景下的中国对缅投资》，《南亚研究》2013年第3期。
③ 《吴登盛访美：美缅关系走向正常化》，中国国际问题研究所网站，2013年5月23日，http://www.ciis.org.cn/chinese/2013-05/23/content_5974377.htm。

企表现慎重，在缅甸市场上几乎没有新增大型的投资项目。但中国一些民营企业、中小型企业却表现活跃，纷纷在缅甸寻找市场。尤其是2012年11月缅甸政府颁布新《外国投资法》之后，到缅甸考察并投资建厂的中国民营企业正在逐渐增多。

根据新《外国投资法》的规定，缅甸允许外资投资电力、石油、矿业、饭店和旅游业、通信等行业。缅甸不少新开放的行业成为投资的热点，如缅甸通讯基础设施落后，是全球移动电话和互联网普及率最低的国家之一，吸引了不少投资者。中兴通讯、华为等中国企业在缅甸市场上就获得了良好的发展机遇，公司业务稳步增长，并未受到密松事件的明显影响。2014年，华为在缅甸手机市场上，以占手机市场约50%的份额力压三星、苹果等企业，在缅甸已建成5家旗舰店，30家品牌店，近2000家零售店，并通过一系列品牌宣传活动，有力地拉动了品牌影响力和知名度，提升了中国企业在当地的品牌形象。

此外，一些民营企业为了降低敏感度，还选择到中国的香港、澳门和新加坡等地注册之后再曲线进入缅甸，涉及房地产、木材加工、食品加工、建筑、旅游等多个领域。由于类似情况的外资进入缅甸，缺乏具体的统计数据，金额难以估计，这在一定程度上也影响了中国在缅投资总额的准确统计。①

---

① 卢光盛、金珍：《密松事件后中国对缅投资停滞了吗》，《世界知识》2015年第11期。

2. 转型对中国在缅投资构成影响的原因分析

（1）缅甸方面的原因

1）缅甸政府急需化解多种内部矛盾。

在军政府时期，缅甸需要中国在政治、经济和军事上的支持，曾视中国为"最重要盟友"。但缅甸一直具有强烈的独立意识，对自身主权遭受的挑战反应敏感。在转型之后，缅甸政治运作规则有所改变，出现了多个权力中心，决策权以及政治都有所变化。各方政治势力为了保证自己的选票，甚至会迎合一些民众哪怕不理性的看法和观点。同时，缅甸新领导层也认为，此前军政府过度依赖于中国，使得中国在缅甸影响力过大。新政府正通过民主改革来改善国家形象和国际环境。因此，当民间发生针对中国投资项目的抗议和示威时，缅甸政府考虑更多的是安抚民众，稳固统治，在对华政策上表示"顺应国内民意"。如密松电站被搁置事件就成为缅甸对外展示新形象的经典案例，尤其是吴登盛总统的政治声誉达到了顶峰，民盟领袖昂山素季也同样获益不少。

2）缅甸进入民主狂热期。

随着缅甸社会改革进程的加快，新政府着力改变军政府专制下的政治局面，民主化已经成为一种不可逆转的大趋势，缅甸的政治经济转型迈出了关键一步,而转型大门一旦打开就很难再度关闭。当前缅甸处于民主化进程中的民族主义狂热期,对于西方的人权、民主以及环保等概念照单全收,民众不再畏惧当局,各方都希望表达自己的政治、经济诉求,对前军政府的批评声浪此起彼伏,民众对军政府的不满也波及军政府时期签订的投资项目。缅甸民众对于军政府最不满的就是腐败问题,因此,有些势力借"利益分配""不透明"等问题,大肆指责中国投资。总体而言,缅甸政治环境发生了巨变,缅甸政府的管理能力变弱,一些在野政治力量则不断利用民生诉求来捞取政治资本。在这样的背景下,中资在缅项目成为最容易受到攻击的对象。[1]

3) 缅甸大国平衡外交的战略考量日益凸显。

"随着缅甸民主化进程不断推进,西方国家也努力寻求与新生的缅甸政权结交。一方面是自身利益的驱动,另一方面是制衡中国、排挤中国的需要。"[2] 然而,这正是缅甸希望看到的,在缅甸推行改革后,正逐步摆脱被孤立处境,对中国的战略需求也逐渐降低,缅甸处理与中国的关系时,更多地考虑维护自身的利益,也日益主动和自信。[3] 在外交上从倚重一国到

---

[1] 《缅甸民主转型伤及中国投资》,《环球时报》2012年11月29日。

[2] 李家真:《对外投资面临的政治风险及其对策研究——以中国对缅甸的投资为例》,《今日中国论坛》2013年第1期。

[3] 《港媒:缅甸虽与西方靠拢,中国地位无可取代》,环球网,2013年5月30日,http://oversea.huanqiu.com/political/2013-05/3986429.html。

大国平衡政策，以实现利益最大化。2011年11月15日，缅甸总统办公厅处长佐铁在美国《华盛顿邮报》上撰文宣称："西方必须认识到，在当今地缘政治格局中，考虑到中国的崛起，西方需要缅甸。美国和其他国家在此关键时刻必须帮助缅甸联系外部世界。我国总统取消密松水电站向世界显示了他代表什么。"① 在吴登盛总统发布暂停密松水电站声明时，缅甸外长吴温纳貌伦正率团访美，游说美国解除对缅经济制裁。

从国际地缘政治来看，美国认为中国的快速发展已经构成对其霸权的挑战，因此，加强了在东南亚与中国的竞争。美日等西方国家试图遏制中国在缅甸的影响，诱导缅甸成为西方社会所期望的民主国家。其中，美国的对缅战略是从政治上"釜底抽薪"，促使缅甸变成一个由民主派掌权的亲美政府。而反华势力则抓住机会，针对密松水电站和莱比塘铜矿等项目兴风作浪，明里暗里地给缅甸政府施加压力和影响，意图抹黑中国在缅投资活动。

4）民族冲突促使投资风险大幅度提升。

缅甸长期存在着复杂的民族矛盾和比较强大的分裂势力。在缅北的克钦邦、掸邦等地，少数民族的自治与离心倾向与缅甸中央政府谋求国家统一、扩大中央政府控制能力的目标发生

---

① Zaw Htay, " Myanmar and Washington's new strategic choice in Southeast Asia", *The Washington Post*, November 15, 2011.

冲突，武装冲突经常发生。① 自 2013 年以来，政府军与缅北多支民地武之间的武装冲突不断。交战导致大批民众逃往中国避难，很多在当地投资的中国企业无法获得充分的安全保障，大批种植业者损失惨重。缅甸内战不仅造成缅甸境内人员伤亡，枪炮弹还不时落入中国境内，对中缅边境中方一侧的安全造成严重威胁。

另外，民地武对中国在缅投资的看法非常复杂。一方面，近年缅甸政府与民地武关系持续紧张，少数民族认识到中国在调解双方矛盾和阻止民族冲突方面起到了积极作用。另一方面，中国在克钦邦、掸邦和若开邦等地投资大型项目，民地武担心这些大型项目会被缅甸政府利用，以保护项目安全为借口派政府军蚕食其地盘，剥夺其相对独立的地位。另外，由于利益分配不平等和对地方传统生活方式造成伤害，这加剧了当地少数民族与中国的对立情绪。在争夺中处于弱势的群体批评中方只考虑缅甸中央政府的立场，没有充分考虑他们的利益诉求。

例如，密松事件的核心是缅甸政府和克钦族经济利益分配问题，但同时又掺杂了国内外政治因素。缅甸一些媒体和组织指责密松水电站项目绕开了克钦邦，克钦族社区未能从项目中

---

① 李家真：《对外投资面临的政治风险及其对策研究——以中国对缅甸的投资为例》，《今日中国论坛》2013 年第 1 期。

获得更多利益，这引发了巨大矛盾。克钦独立军之所以对中国有不满情绪，一是认为从民族感情出发，中国应该支持他们；二是认为中国如果要维护中缅边境地区局势的稳定，离不开该武装的配合和支持，中方忽略了他们的努力和贡献；三是认为一旦克钦独立军等民地武不存在了，中国在缅甸的利益也难得到保障。一旦不能满足民地武的利益诉求，这些地方就会爆发武装冲突。

5）媒体对中国在缅投资项目进行负面炒作。

近年来，中国人在缅甸的负面形象加剧，缅甸一部分媒体的"塑造"起了相当大的作用。一方面，2011年缅甸开放媒体后，私营媒体如雨后春笋般出现，数量急剧增加。大部分私营媒体普遍对原缅甸军政府有负面印象，同样对与原缅甸军政府保持友好关系的中国也有很大意见。反对派利用私营媒体，先入为主制造中资项目的负面新闻，裹挟民意。同时，随着缅甸政府管制的放松，以及通信、信息技术的发展，某一突发事件在国内都可能形成一股抗议的潮流①。

另一方面，缅甸媒体行业水准整体不高。大多数新闻从业人员素质低、资历浅，也没有受过专业的新闻培训，不明白新闻的客观性以及民主与责任之间的关系，其新闻报道往往带有

---

① Alex Rieffel. "Myanmar on the Move: An Overview of Recent Developments", *Current Southeast Asian Affairs*, No. 4, 2012, pp. 31-49.

偏见。一旦出现有关中国人的负面事件,这些媒体就一边倒地作夸大性报道,一些记者和专栏作家往往宣泄情绪,走极端,在媒体上发表反华的文章,煽动反华情绪。在当前正处于政治经济转型期的缅甸,这些文章往往很有市场。同时,缅甸媒体监管的放开使得媒体言论走向自由化,媒体走向市场化要生存就需要有必要的经费支持,而一些国外极端环保组织,利用资金收买缅甸国内的 NGO 和媒体,控制舆论,逐渐影响了缅甸"民意"。

(2) 西方的炒作与攻击

1) NGO 抹黑中国在缅投资。

政治经济转型导致政治生态多元化、经济社会矛盾复杂化以及域外大国势力频频介入,缅甸国内 NGO 的活动非常活跃。环境保护、反贫困、人道主义援助和社会服务等都是 NGO 的主要活动领域,而中国对缅甸的绝大部分投资又都集中于电力、能源、矿产、基建等,缅甸一些 NGO 在指责中国企业在缅投资的活动中推波助澜。这些 NGO 往往主要依靠西方的资金支持,长期在中国企业投资的大型项目区域内活动。[①] 缅甸国内的 NGO 还和一些国际 NGO 相互支持、配合,煽动缅甸民

---

① 卢光盛:《中国对缅甸投资遭受环境和社会问题非议的原因》,《世界知识》2012 年第 24 期。

众对中国企业的反感情绪,并对政府决策形成影响。在密松事件和莱比塘事件不断发酵的过程中,都有 INGO 和 NGO 的身影。① 这些组织大肆传播修建密松水电站"有百害而无一利"的说法,并通过反对派、媒体及示威者渲染莱比塘铜矿项目"污染""强拆",在缅甸民间掀起了反华情绪。在当地民众诉求的背后,有复杂的西方势力在推动矛盾不断升级。②

专栏3-1

NGO针对中国的主要负面报告

组织名称	报告名称
商业＆人权资源中心	《缅甸遭受土地侵占》
	《中国石油公司忽视缅甸石油管道土地权益》(2012年9月)
国际危机组织	《中国的缅甸困境》(2009年9月)
	《中国的缅甸战略:选举、民族政治和经济问题》(2010年9月)
	《中国的石油政策》,(2008年6月)
全球见证组织	《中国的抉择——结束对缅甸北部边境森林的破坏》(2005年10月)
企业公告付费促进联盟	《保护自然资源:非政府组织》(2012年8月)

---

① 祝湘辉:《缅甸新政府的经济政策调整及对我国投资的影响》,《东南亚南亚研究》2013年第2期。
② 《缅甸民主转型伤及中国投资》,《环球时报》2012年11月29日。

续专栏 3-1

组织名称	报告名称
瑞天然气运动	《权力的走廊：中国横跨缅甸的油气管道》（2009 年 9 月）
阿拉干石油观察	《阻塞的自由：中缅石油管道案例分析》
瑞天然气运动	《供给与控制：缅西北天然气确立军人统治》
克钦发展网络组织	《抵抗大坝的淹没：各社区共同抵制迫在眉睫的伊洛瓦底江大坝建设》（2009 年 10 月）
克钦发展网络组织	《伊洛瓦底江的大坝之忧》
缅甸河流网	《健康的河流，幸福的邻居：对中国在缅甸开发水电的评论》（2009 年 5 月）
	《拯救缅甸的河流》（2011 年 1 月）
萨尔温江观察组织	《根与恢复》（2009 年 7 月）
掸邦萨帕瓦环境组织	《预兆：萨尔温江水坝在缅甸掸邦的更新计划》（2006 年 9 月）
克洋妇女联盟	《淹没克洋大地的绿色幽灵：缅甸上邦朗大坝的影响》（2008 年）
缅甸环境工作组织	《缅甸的环境：人民、问题与政策》（2011 年 7 月）
巴朗青年联络组织	《在军鞋下：为建设瑞丽江水电站开路的缅甸军阀》（2007 年）
克伦环境和社会行动网络	《Khoe Kay：多样生物的灾难》（2008 年 10 月）
掸邦妇女行动网络 掸邦萨帕瓦环境组织	《既高且干：中国龙江大坝的跨境影响》（2010 年 12 月）
塔昂学生和青年组织	《瑞丽江困局》（2011 年）
孟族青年进步组织	《安危未卜：萨尔温江大坝威胁下游群落》（2007）
掸邦萨帕瓦环境组织	《预兆：掸邦萨尔温江筑坝计划更进报道》（2006）
克伦尼邦发展研究组	《缅甸将军的围堵：克伦尼族与水力发电，鲁比达到萨尔温》（2006）

续专栏 3–1

组织名称	报告名称
克伦河流观察	《枪口下筑坝：缅军暴行为克伦萨尔温江大坝铺路》（2004）
萨尔温江观察	《受威胁的萨尔温江：在东南亚最长的自由之河上筑坝》（2004）
地球权益组织	《土地、水和权益：从青藏高原到伊洛瓦底三角洲的声音》
瑞天然气运动	《没有好处，他们毁了我们的农田》

资料来源：段然：《NGO 在缅甸政治转型与对外关系中的作用（1988 年至今）》，云南大学硕士学位论文，2013 年，第 52 页。

2）西方传播片面的价值观误导民众。

西方媒体倾向于大肆报道中方在缅甸经济活动的疏漏，而并不报道中国采取了怎样的措施解决这些问题，或是中国对缅甸经济增长有怎样的贡献。西方媒体如此反差的报道方式在很大程度上使中国成为缅甸反对派与媒体的批判对象。[1] 中国和缅甸反对派之间的敌意与猜忌也因此不断累积。并且，西方国家这些年在缅甸并没有大项目投资，没有同类项目可以与中国在缅项目进行比较。有些媒体散布中国投资破坏当地生态、阻碍缅甸工业发展等观点，受此影响，部分缅甸精英（包括部分学者、官员和少数民族上层）、普通民众视中国为"新殖民

---

[1] 《中国投资缅甸改革很关键》，全球智库，2014 年 1 月 25 日，http://www.carnegietsinghua.org/2014/01/25/。

主义国家",他们对政府对华政策和中国投资颇有不满,这就使得中国对缅工作尤其是对民众的工作难度大大增加。① 本来 BOT 方式对于缅甸来说是一种在资金缺乏时筹资的好方式,但在西方的灌输下,不少缅甸民众只考虑资源被人控制,而不顾及国家发展的资金和技术从何而来。还有些缅甸人士和组织简单地认为反政府、反中国就是民主的表现,这是一个危险的、同时也是不负责任的做法。

(3) 中国企业运作与政府管理方面存在不足

1) 中国企业对缅甸市场的高风险性认识不足。

中国与缅甸合作的一些大型项目,恰恰是在缅甸推行改革的前三年左右,与军政府签订,反映出中国企业对于缅甸政治经济转型之快估计不足,密松水电站项目和莱比塘铜矿项目接连受到影响,都存在这样的因素。缅甸军政府在位期间,为中国企业推进项目提供一些自上而下的压力。而缅甸政府集体"脱军装"后,中国企业与军政府的亲密关系,反而成为一种负担。早已不满军政府的民众,更将中国企业视为军政府的利益同盟者加以敌视,中国投资的大型项目因此不断遭到缅甸本土 NGO 和民众的抗议抵制,中国企业在缅的风险日益突出。

---

① 《港媒:缅甸虽与西方靠拢,中国地位无可取代》,环球网,2013 年 5 月 30 日,http://oversea.huanqiu.com/political/2013 - 05/3986429.html。

2）中国企业在投资经营活动中忽视信息和意见的沟通。

缅甸民众在民主化进程中拥有更为广泛的自由，民众的政治参与热情高涨，其对外来投资的态度也由过去的"不闻不问"转变为"积极参与"。与此相比，中国企业在缅投资项目大多只是满足于符合缅甸法律法规的基本要求，以及和缅甸各级政府达成的合作协议。中国企业未能及时关注到缅甸民间力量崛起，也没有与当地民众和各种社会组织进行积极沟通，使一些民众的很多合理诉求没有得到满足，项目未能获得公众的广泛认同。一些民众干涉中国投资的项目，对政府施加压力，借项目可能导致的利益分配不均、生态环境等问题指责项目，从而致使项目面临搁置或者终止的风险。①

其次，中国企业在缅投资活动中忽视了NGO的存在。过去中国企业在海外投资经营活动时，更多是与所在国政府、企业和社区社团高层打交道，对所在国的社会舆论与公共关系关注不多，对积极利用NGO来促进经营也重视不够。密松事件发生之后，中国企业开始更多关注投资项目的社会舆情、危机处理和企业社会责任实践等方面问题，但几乎都找不到熟悉情况并能够提供实际帮助的NGO，甚至往往陷于求助无门的窘境。

---

① 李家真：《对外投资面临的政治风险及其对策研究——以中国对缅甸投资为例》，《今日中国论坛》2013年1月。

3）中方对外宣传工作存在缺失。

在军政府时期，缅甸对社会控制很严，中国企业无需花费任何精力和资金对民众进行舆论宣传和解释，并且一些企业深谙"言多必失"之道，对私营媒体的任何造谣诬蔑听之任之，从不反驳、澄清。但在缅甸转型之后，如果继续秉持这种态度，就不仅会让各种妖魔化项目的谣言在缅甸社会上广为流传，而且会被当地人视为傲慢，激怒缅甸民主人士，把自己摆在了缅甸民众的对立面。由于之前中国企业对形象宣传和公共关系工作重视不够，项目实施过程中"做得多，说得少"，导致中国企业在缅甸媒体中缺乏自己的声音，在舆论上处于不利地位。

而一旦这种误导公众的舆论形成之后，对项目建设的影响是非常巨大的。一方面，在一些重大事件中，中方在特定的政治和舆论环境下项目公共外交缺位，对外宣传缺失，给了反对派煽风点火的机会，而绝大多数不明真相的民众受到先入为主的负面宣传蛊惑的影响，以致迅速形成于我不利的负面舆情。另一方面，中国投资在缅甸也是做了不少惠民善事，但是宣传滞后，不为缅甸民众所知，没有在当地民间树立起良好的企业形象。

3. 中国在缅投资的前景分析

尽管缅甸政治、经济和社会形势发生了巨大变化，但中缅两国的高层互访和各领域的交流活动仍然保持了较高的密度，中缅关系总体上继续保持了友好合作的态势。可以预期，在缅甸2015年大选后，中国企业在缅投资仍然面临新的发展机遇，同时也面临着许多新的挑战。

（1）机遇

1）中国在缅甸外交格局中仍然占据主要地位。

在地缘政治、地缘经济和民族关系等各个方面，中国在对缅影响力方面仍然占有综合优势。2014年的数据显示，中国是缅甸第一大贸易伙伴、第一大出口市场和第一大进口来源国，中国仍然是缅甸重要的外资来源国。[①] 中国作为世界第二大经济体，对世界都具有吸引力，而缅甸与中国相邻，缅甸的发展和稳定，仍然有赖于与中国展开全面合作。[②]

另一方面，缅甸国内曾经对西方投资寄予厚望，以为这能给缅甸带来更大的利益，但近年来西方企业并未大规模进入缅甸。在欧美经济从危机中恢复之前，对缅甸实质性的支持和介入有限，欧美企业不太可能在短期内大规模进入缅甸。即便2012年美国总统奥巴马访问缅甸之后，美国对缅投资也未取得突破性进展。2015年1月，据缅甸投资与公司局的统计显示，美国在缅投资额约为200万美元。这说明政治的开放并不

---

① 《中国已是缅甸最大贸易伙伴和投资来源国》，人民网，2015年6月16日。
② 贺圣达：《缅甸政局发展态势（2014~2015）与中国对缅外交》，《印度洋经济体研究》2015年第2期。

一定能带来投资,西方的投资主要是私人资本,并没有服从或服务于国家战略的义务。缅方也开始明白,中国投资对于缅甸经济的发展是必需的,也是极为重要的推动力。随着缅甸政局的逐步明晰,对中国投资形成更加客观公正的认知,以及中国企业投资结构的调整和行为的规范,中缅投资合作将进入新的发展时期。①

2)区域合作的不断深化为中缅投资合作提供了重大机遇。

当前,中国高度重视"一带一路"和孟中印缅经济走廊建设,积极打造中国-东盟命运共同体。未来8年,中国将从东盟国家累计进口商品约3万亿美元,对东盟国家投资至少达1000亿美元。这将为缅甸带来新的巨大发展机遇,推动中缅关系再上新台阶。2013年5月,中印两国倡议建设孟中印缅经济走廊,推动中印两个大市场更紧密连接。缅甸领导人表示欢迎中方提出的共建"一带一路"倡议,同意加强协调配合。缅甸处于这条经济走廊的中心地带,能够发挥重要角色,孟中印缅经济走廊建设也必将给缅甸带来经济硕果。

3)总体稳定的双边关系为深化中国在缅投资提供了重要保障。

中缅两国都处在国运腾飞的关键阶段,随着缅甸政治经济

---

① 卢光盛、金珍:《密松事件后中国对缅投资停滞了吗》,《世界知识》2015年第11期。

转型的深化，中缅关系进入了新的历史发展阶段，但互利共赢仍然是中缅关系的主调，也是两国的共同愿望。缅方对于推进中缅全面战略合作伙伴关系一直持肯定态度，并视中国为其最重要合作伙伴国之一①。实行互利双赢的全面合作已成为中国对缅政策的核心，缅甸必将首先分享到中国快速发展的成果。其次，中缅两国均重视深化双边经贸合作。缅甸领导人希望全方位加强与中国在各领域的务实合作，认为中国的成功发展是缅甸的重要机遇。② 中缅两国产业互补性很强，经贸合作领域广阔，中缅深化合作，可以优势互补，建立起长期、稳固的经贸合作关系。再者，中缅人文领域交流日趋紧密。两国不断扩大社会人文等领域的务实合作，增进媒体、文化、教育、体育、卫生、旅游等领域的交流与合作，这为深化经贸合作奠定了良好的民意基础。

4）缅甸民主转型及民族和解进程为扩大中国在缅投资提供了良好条件。

从目前的局势来看，缅甸民主化进程不太可能被逆转，政治经济改革还将继续下去。虽然中国在缅投资的大型项目遭受了缅甸民众的质疑和缅甸媒体的重点报道，但因政治因素

---

① 贺圣达：《缅甸政局发展态势（2014～2015）与中国对缅外交》，《印度洋经济体研究》2015年第1期。
② 《习近平会见缅甸联邦议会议长吴瑞曼》，环球网，2014年4月11日，http://china.huanqiu.com/hot/2014-04/4968837.html。

"绑架"外国投资项目的情况并不少见。密松事件之后,缅甸政府及其他政治势力也逐步认识到,如果继续针对外国投资项目上发难,可能对其自身造成损害,而且会在国际上留下缅甸排斥外资的负面形象。缅甸民众迫切改善民生、增加就业的愿望,也促使缅甸各政治力量和组织能够越来越客观理性地对待外来投资。经过两年多的交涉和处理,中缅两国有关部门、企业、媒体和社会等各方面,都对两国开展经贸合作有了更为冷静、客观的认识。

此外,长期困扰缅甸的民族和解问题也取得了一定进展,2013年11月,缅甸政府与11个主要民地武进行了多轮谈判,各方同意缓和紧张局势,并签署了初步停火协议。缅甸朝着国内和平与民族和解迈进了一大步,将为其经济和社会发展打下基础,这也为中国在缅投资活动的开展创造了良好的合作氛围。

5)逐渐改善的缅甸商业环境为推进中国在缅投资提供了广阔前景。

缅甸政治经济转型以来,商业环境有了较大的改善。一是缅甸获得国际社会越来越多的资金和技术支持,基础设施建设的速度正在加快。外国投资者在缅主要投资领域从石油与天然气、电力、矿业、制造业、运输业扩展到农业、渔业和酒店与旅游业等领域,这将有力地推动缅甸经济和社会的发展。

二是为进一步吸引外资,吴登盛政府大刀阔斧的修改和颁布了经济领域的相关法律法规。缅甸于 2012 年 11 月公布了新《外国投资法》，并于 2013 年 1 月颁布了外国投资法实施细则。2014 年 1 月，缅甸出台了新的《经济特区法》。缅甸法律体系将更加健全，投资经营环境将会朝更规范、更开放的方向逐步改善。

三是缅甸进一步扩大开放，提高政府效率和加大反腐败的力度。2012 年底，吴登盛明确提出打击腐败和提高政府效率将是"改革和发展这个国家的第三阶段战略"。自 2012 年 7 月起，缅甸边贸区加速了商品进出口许可证审批。2013 年 4 月，缅甸在仰光开设国内外投资注册等业务的一站式窗口。此外，缅甸还开始实行新的货币体制，实施有管理的浮动汇率制等，其封闭的金融体系有望逐步开放。

6）中方开始日益重视履行社会责任，在缅中国企业的形象逐渐得到改善。

中国在缅投资项目不断被政治化、妖魔化之后，中国有关部门和企业都意识到了这个问题的严重性，并且进行了检讨、反思和调整。从管理部门来看，加强了对在缅中国企业的培训力度，要求中国企业要按照国际惯例预先进行环境影响评估和社会影响评估，并征得当地民众的支持；要求中国企业及其员工遵守缅甸的法律法规、尊重缅甸人的风俗习惯，学会与缅甸人交朋友，切实改变依靠行贿获取项目、不履行企业社会责任、破坏缅甸生态环境和传统文化的做法和行为。

经过整顿，在缅中国企业在项目建设中除了履行与缅中央政府的协议外，还对项目所在地的社会环境进行评估，适当考虑项目所在地民众的利益，通过开展一定的公益项目，创建较好的社会环境。在项目规划、实施、运营中充分考虑环境保护的方案。在项目实施过程中注意企业形象的树立，并有针对性地加强对缅甸各级政府、民众和国际社会、NGO 的宣传。

（2）挑战

1）尚不明朗的缅甸政局在今后一个时期将影响中国在缅投资。

尽管缅甸的改革开放取得了一些成果，但各种政治隐患仍然突出，各派力量的较量不但没有平息，在 2015 年大选前后还有加剧的可能，这给中国在缅投资造成一定影响。

首先，以宪法和政党制度改革为核心的缅甸政治改革将全面铺开。围绕修宪展开的政治斗争正在持续，军方不会接受旨在削弱其地位和影响力的宪法修正案，宪法不会得到实质性修改。而在 2015 年大选之后，民盟有可能获得过半数的联邦议会议席，昂山素季有可能担任联邦议会人民院议长等重要职务，但昂山素季长期受西方价值观的熏陶和影响，她上台之后未必会倾向中国。

其次，缅甸民族和宗教问题仍然是一个影响其发展与稳定的直接因素，并将长期存在。目前，缅甸政府与民地武的和谈取得了一定的成果，但政府军与民地武间的对立和冲突并未得到彻底平息，民地武割据的局面没有得到根本改变。而且缅甸的自然资源集中分布在少数民族居住的地区，外国投资在这些地区的投资面临很大的风险。此外，在缅甸的不少地区，宗教冲突事件也屡有发生。这不可避免地影响中国在缅投资的正常开展。缅甸复杂的局势，使得不少中国企业对投资缅甸持观望态度。有些中国企业已经暂停在缅北替代种植项目上的投入，等待局势明朗。自2012年以来中国在缅投资的低位趋势近期难以逆转，2015年缅甸大选结束之前不太可能有大的突破。

2）水平低下的缅甸经济将是中国扩大在缅投资的主要障碍。

由于长期闭关锁国并遭受国际制裁，缅甸仍属不发达国家之一，面临着基础设施落后、资金匮乏以及金融体系不健全等问题，这对中国在缅投资造成障碍。一是经济基础仍然薄弱不利于经济可持续发展。缅甸经济基础薄弱，过度依赖资源类产品不利于经济可持续发展。石油、天然气、玉石等资源类产品是缅甸经济的重要产业，至今尚未建立起门类齐全的工业生产体系，现有的工业生产类型单一、规模较小、产品低端。作为农业国家，缅甸对农业的投资严重不足，农产品加工能力不强，产品出口竞争力弱。

二是基础设施严重滞后制约投资增长。缅甸在全球160个国家（地区）中，交通物流排名第137名，属于交通基础设施最差之列。至今只有仰光—内比都—曼德勒一条高速公路，与周边 5 个邻国尚无一条铁路或高速公路相通，人均电话的拥有量和网络的普及率都较低。缅甸大多数城市经济发展滞后，工业用电无法保证 24 小时供应。

三是大量财政赤字导致政府投入不足。政府财政的亏空，已经对新政府发展经济的目标产生不利影响。改善基础设施是吴登盛政府的首要任务，但资金的缺乏将制约政府在这些方面的投入能力，而基础设施的落后又会拖累经济进一步发展。

四是金融体系不健全是制约经济发展的瓶颈。长期以来，缅甸金融体系十分落后，缅甸银行系统缺乏公众信任，没有对经济和社会的发展发挥应有作用。缅甸的存贷款利率长期偏高，企业融资成本也非常高，制约了企业的发展潜力。

3) 缅甸新颁布的法律法规对企业提出了更高要求。

缅甸政治经济转型以来，推行的许多新法律法规对企业在土地使用、当地员工比例、薪酬标准等方面，提出了更多、更高的要求，中国企业经营成本将随之增加。如在 2012 年 11 月颁布的《外国投资法》规定，禁止边境线 10 英里（约 16 公里）内的外国投资项目（经济特区除外）。一些中国企业在中缅边境的农业合作项目以及罂粟替代种植项目的合法性成为问题。2012 年 3 月，缅甸颁布《环境保护法》，该法要求企业在缅甸投资和活动，要注意缅甸的环境保护法，特别是自然和文化遗产的保护，以及强调对自然资源的可持续利用。换言之，投资者如果在这方面表现不佳,可能被缅方以此为理由开展相关调查及处理,或被部分民众及社会团体、宗教组织或人士加以利用。2014年2月,缅甸环保部门公布7类在缅投资项目须先进行环评,包括特别投资、能源、农业与林业、工业、基础设施与服务、矿业和制造业项目,投资者须进行自然环境评估(EIA),提出关于自然环境影响的报告(IEE),并拟订环境管理计划(EMP)。①

(3) 未来发展趋势

1) 缅甸政治经济转型虽有曲折,但总体较好。

缅甸的政治经济转型总体上不可逆转,但发展道路将是曲折的。如未来几年内不出现大的政治倒退,新政府尤其是政府军能和民盟稳定共存或"斗而不破",政府军和民地武的冲突在可控范围之内,缅甸的总体局势将会比较平稳。随着改革开放和外来投资的增多,缅甸人民的生活方式将会发生变化,再加上信息环境的变化,缅甸的改革开放将会在民间得到更多支持,最终将缅甸导向不可逆的改革之路。西方国家将会加快解除对缅甸的政治和经济封锁,转而提供各种支持和援助。随着投资环境改善,将会有更多外资进入缅甸寻求机会,投资将会

---

① 《缅甸环保部门公布在缅7类投资须进行环评》,中国驻缅甸大使馆经商参处,2014年2月10日,http://mm.mofcom.gov.cn/article/jmxw/201402/20140200482110.shtml。

首先集中在自然资源、基础设施建设、加工制造业、贸易等领域，然后向其他领域延伸。但在欧美经济从危机中恢复之前，西方国家对缅甸实质性的支持和介入相对有限，西方企业在短期内大规模进入缅甸不太可能发生，中国、其他东盟国家、日本等国仍将是主要投资国。

2）中缅关系总体可控，走向"新常态"。

就中缅关系而言，目前的双边关系正处于从军政府时期的特殊状态向正常国家关系转变的过渡期。尽管缅甸国内政治的变化，以及西方国家与缅甸关系的改善，对中缅关系的挑战是客观存在的。但是，缅甸对外关系格局的多元化对中国而言，也并非都是负面影响。并且，在过去数十年中缅两国全方位合作所形成的惯性不会马上消失，中国在对缅关系中的经济优势仍十分突出。但中国确实要正视在发展对缅关系中存在的不足，并致力于解决在缅投资中存在的问题，下功夫改善中国在缅甸的形象，这样才能保证中缅关系的可持续发展。[①]

3）中国在缅投资尚有巨大发展空间。

未来缅甸是否会大规模引进中方投资，必然有一个博弈的过程。相信缅甸国内的舆论环境还会慢慢变化，会逐渐意识到缅甸的发展还是离不开中国，特别是在基础设施建设领域。像

---

① 李晨阳主编《缅甸国情报告（2011~2012）》，社会科学文献出版社，2013。

密松水电站项目停工之后，目前缅甸在建的水电及火电项目竣工后远不能满足日益增长的电力需求①，缅甸老百姓发现水电的价格远比煤电实惠，油气管道也如此，中国在缅投资还有很大的发展空间，仍可大有作为。只是今后一个时期中国在缅投资应从过去以资源开发为主，逐步转移到制造业、农业以及服务业等领域，人力资源开发和基础设施建设也应是两国合作的重点领域。这些行业都是今后缅甸经济和社会发展所急需的产业，行业辐射能力强，能有效促进项目所在地的就业，对环境和社会的不利影响也相对较小，会得到缅甸上下的欢迎。随着"一带一路"、孟中印缅经济走廊建设的推进，缅甸独特的地理位置将使其成为中国走向印度洋地区的重要通道，中国将会进一步加强与缅甸的互联互通建设。

基于以上判断，中国在缅投资环境虽然在短期内没有实质性改善的可能，但中长期仍被看好。中国企业对投资缅甸应持有足够的信心，不能因为密松水电站建设被暂停、莱比塘铜矿遭抗议等事件而对投资缅甸的信心发生动摇，更不可轻言撤资、停工或放弃前期相关规划。中国企业需要的不是意气用事、错失良机而是冷静分析、积极面对。

---

① 《缅甸电力部长表示有必要建设大型电力项目》，中华人民共和国商务部，2014 年 4 月 26 日，http://www.mofcom.gov.cn/article/i/jyjl/j/201404/20140400564327.shtml。

四 转型背景下巩固和发展中国对缅投资的思路和对策

基于以上三部分分析，课题组认为，在当前环境下，我方应该高度重视缅甸政治经济转型给两国关系和经贸合作所带来的影响，秉承客观冷静、正视困难、坚定信心、积极应对的态度，明确指导思想，确定基本原则，循序渐进，采取一系列有针对性、可行性和操作性的对策措施，推动中国在缅投资的安全和可持续发展，为两国友好合作、互利共赢做出积极贡献。

1. 巩固和发展中国对缅投资的总体思路

抓住我国加快"一带一路"建设、打造中国-东盟命运共同体、推进孟中印缅经济走廊的有利时机，加强中缅政策沟通、设施联通、贸易畅通、资金融通、民心相通，不断深化中缅全面战略合作伙伴关系。密切关注缅甸政治经济转型进程，加强预判，全面评估缅甸的形势和投资环境的变化，积极调整对缅投资的政策、策略、投资模式等。在新的地缘政治和地缘经济形势下，积极支持和推动缅甸经济和社会的发展，兼顾各方利益和关切，深化利益融合。推动中缅双方就经济发展战略和对策进行充分对接，为务实合作提供支持。协商解决合作中的问题，保障企业合法权益，降低缅甸政治经济转型给中资企业带来的损失。搭建高层对话、深化合作的平台，争取更加安全、公平、公正、透明和规范的合作环境，确保中缅重大合作项目稳步推进，择机推进新的战略合作项目。加快我国企业对缅投资方式、行为的调整，提升合作层次，更多地将资金投向基础设施和民生领域，使中缅更多民众受益，促进中缅两国的友好合作关系。

2. 应对转型背景下对缅投资的基本原则

（1）着眼大局，立足长远

在缅甸快速推进政治经济转型的背景下，中缅关系进入新的发展时期。双方需要重构中缅关系，中缅投资合作也需要寻求新的合作方式与机制，实现互利共赢。要始终从战略高度审慎看待和处理对缅投资问题，在注重经济效益的同时强调提升合作层次、提高合作质量。要全面增强互信，从全局着眼，注重在缅投资的长远效益，不能仅仅顾及眼前利益或某个项目的单独收益。要不断培育新的合作点，夯实两国共同利益基础。

（2）互惠互利，共同发展

真正从缅方的需求出发，充分重视缅甸政治经济转型面临的紧迫问题，找准中缅双方的战略契合点，在平等互利的基础上广泛开展合作。加强双方的沟通和磋商，减少因政治制度、利益诉求、社会文化等方面的差异带来的障碍和摩擦。充分利用互补性加强合作，将中缅双方利益融合提升到更高水平。充分发挥大湄公河次区域合作、孟中印缅经济走廊联合工作组、中国-东盟自由贸易区等多边合作机制和平台的作用，增加共识，推动中缅合作及区域合作向纵深发展。

（3）主动调适，投资多元

积极适应缅甸政治经济的转型，弥补中国企业在国际投资中的不足，调整对缅投资结构和投资方式，主动应对缅甸投资环境的变化。重点加强对农业、基础设施、劳动密集型产业等领域的投资，更加重视通过小型投资项目来解决缅甸民众急需解决的发展难题。加强对缅甸医疗、卫生、教育、科技、人文的援助，关注民生，惠及民众。推进中缅重大项目时，注重发挥多边参与在力量整合上的优势，降低敏感性。在缅甸经济社会转型的关键时期，争取发挥更加积极的建设性作用。

(4) 政府支持，有理有节

政府通过制定政策、搭建信息、技术合作平台等措施，推动和引导企业积极参与中缅合作，把握时机将合作意愿转化为具体项目，使合作蓝图从规划走向具体落实。调整投资主体成分，鼓励和支持有实力、讲信誉的中小型企业赴缅投资合作。严格遵循国际惯例和商业原则运作，实现官方与民间良性互动，形成分工协作、步调一致、共同推进的局面。当前及今后较长一段时期，投资缅甸仍面临较高政治风险，企业比较难以事先预警以及事后处理，政府层面要对企业的合法经营予以支持，保障和维护投资者的正当权益。

(5) 市场主导，风险防控

企业要把握缅甸发展经济、扩大开放，大力进行经济改革发展经济的有利时机，找准投资领域和合作方向。发挥与缅方长期合作项目积累的经验，利用国内的信贷和项目融资渠道，发挥国内产品和技术资源整合的竞争优势，保持相关领域的优势竞争力。加强在缅企业的社会责任意识，规范投资与经营行为。增强环保意识、品牌和质量意识，打造有影响力、被缅甸民众认知的中国品牌。同时，企业也要准确评估缅甸的经济形势，密切关注缅甸政局的发展变化、新出台的法律法规，汲取密松水电站、莱比塘铜矿等项目的经验与教训，借鉴其他国家投资缅甸的良好举措，主动与缅甸各方沟通，积极做好各种风险预案。

3. 实现在缅投资安全与发展的阶段目标

（1）第一阶段（当前～2015年年底）

从现在开始到缅甸大选期间，缅甸政治局势还有可能会发生剧烈变化，我方应对的总体原则是多看少动，防止损失扩大化，静待大选结束尘埃落定后，判研形势再开展相关工作。近期目标：一是重点维护在缅重大项目，避免中缅油气管道受到重大冲击，避免缅甸政府或者其他政治力量以牺牲中国在缅利益牟取国内和国际政治资源。二是在缅企业要加强防范政治、经济和社会风险，加快调整投资主体和投资领域，更加重视环境保护、维护良好的社会公共关系、树立中国企业的良好形象，夯实中缅投资合作的民意基础。

（2）第二阶段（2016～2020年）

可以预期，经过吴登盛政府的首轮政治经济改革后，2015年11月的大选将会对缅甸今后的发展带来更加明晰的思路，中缅投资合作有望得到进一步的提升。在2016～2020年，要争取建立和加强与缅甸的互联互通；争取以中缅油气管道沿线中心城市为支撑，以重点经贸产业园区为合作平台，构建安全高效的运输大通道；推动中缅两国发展战略的对接，发掘市场潜力，实现优势互补；增进中缅两国的人文交流和合作，加快孟中印缅经济走廊建设，助力"一带一路"战略的实施。

4. 巩固和发展中国对缅投资的对策建议

（1）政府层面

1）建立高层对话机制，择机推进重大项目。

一是建立和完善中缅高层互访常态化机制，加强政策沟通。继续加强与缅甸政府的高层往来，尤其是我国主要领导人有必要定期访问缅甸，从战略高度上深化中缅全面战略合作伙伴关系。落实中缅联合声明以及2013年双方达成的协议，深化中缅各领域的合作。

二是建议尽快成立以两国副总理为首的贸易投资联合协调小组，增进两国合作。早在1997年，中缅双方成立经济贸易和技术合作联合工作委员会，双方主席级别为正部级，缔约双方可由主管副部长具体负责，并代表部长出席委员会议。根据当前中缅两国经贸合作的新形势，建议扩大委员会组成部门，提升委员会级别。以外交部、商务部、云南省商务厅、投资缅甸的主要企业为主要成员，以及时迅速处理中国企业在缅投资问题，协调经贸领域合作。高度重视和充分发挥云南在对缅工作中的作用。云南更应加强调查研究，积极向中央建言献策，在中央的领导下做好这方面的工作。

三是发挥多边合作机制作用，推进重点项目的实施。强化中国－东盟"10＋1"、大湄公河次区域经济合作、澜沧江－湄公河合作机制、孟中印缅经济走廊建设联合工作组等现有多边合作机制作用。展开多渠道、多层次的沟通和协商，在多边合作下推动中缅关系不断深化。建议由国家发改委、外交部、商务部、交通运输部、国家开发银行等部门，联合孟印缅三国相关部门，开展重点交通项目的优选和可行性研究，及早有计划地启动互联互通项目。协调推动合作项目实施，建设一批区域合作示范项目。

2）构建风险预警平台，保障合法投资权益。

一是建立多渠道信息供应主体综合体系。借助中国驻缅使领馆、驻外商务机构、中国企业境外分支机构、智库、高校、民间组织等，加强对缅甸政治经济形势发展的跟踪研究。对于2015 年 11 月举行的大选形势、结果，以及对中缅关系、中缅投资合作可能出现的情况，都要争取及时做出准确的分析和预判，提出相应的预案，对各种可能出现的情况都应该有所准备。要组织相关力量搭建信息网络服务平台，为赴缅企业提供权威及时的风险预警。相关职能部门要进一步提升应急处理能力，为中资企业在缅的合法经营提供服务和保障。

二是积极利用外交资源规避在缅投资的政治风险。积极发展全面交往、立体外交，保持与缅甸政府、军队、各主要政党、社会团体的接触，增进民间交流合作，支持缅甸民族和解、改革发展。① 加大驻缅使馆、商务部等涉外部门的经济外交力度，争取为赴缅企业提供实质性的保障，必要时给予灵活、务实的外交支持。

三是利用相关协定和国际法制规则，保障企业合法权益。中缅两国曾签订《投资促进和保护协定》（2001年）、《中缅有关促进贸易、投资和经济合作的谅解备忘录》（2004年），应灵活运用，并可考虑适时签订新的投资保障协议。如根据《解决国家与他国国民间投资争端公约》（ICSID）、《多边投资担保机构公约》（MIGA）等，相关国际法则对于作为发展中国家的中国，以及企业总体上是有利的，应贯彻学习、维护合法权益。

3）加大对企业的规范与指导，增强服务支持。

一是加强对企业赴缅投资的指导和规范。通过制定相关规定和制度，倡导企业对外投资必须兼顾履行社会责任。特别是在缅甸等周边国家进行矿产、水电开发等直接投资时，企业要严格遵守环境和质量标准，要顾及当地的经济社会发

---

① 贺圣达：《缅甸政局发展态势（2014～2015）与中国对缅外交》，《印度洋经济体研究》2015年第2期。

展、民众就业等问题；相关职能部门要进一步提高涉外部门综合服务能力，切实为赴缅企业排忧解难。通过扶持和引导，推动大型企业采用技术合作、业务外包和人才交流等形式，加强与中小企业的合作，形成长期稳定的合作关系，大型企业"走出去"后，进一步带动一批产业配套的中小企业共同开拓海外市场。

二是建议商务部门、驻缅使馆等有关机构加强联系，定期或不定期到"走出去"企业调研，了解企业所需要的市场信息，并对信息进行分类归并，组织人力收集整理这些信息并进行分析，以发展动态或定期刊物的形式供企业参考。鼓励和支持国内外缅甸问题专家学者加强对投资缅甸的分析和研究，组织国内高校、社科院研究人员、在缅中资企业，构建对缅研究的网络，及时翻译缅甸颁布的最新法律法规，并进行系统地分析，就缅甸的投资环境、经济发展动态等开展专题研究，及时更新相关信息，为企业发展与缅甸的投资合作提供针对性的参考意见。

三是推进中缅互联互通的软环境建设。协调我检验检疫部门降低出入境检验检疫收费标准，对于从事"替代种植"企业人员、车辆进出费用优惠，在确保人员、动植物、货物安全的前提下，可探索实行年度或半年度"包干制"予以一次性收取。建成与中缅经贸合作相适应的高效人员货物通关体系，切实降低企业物流成本。

4）加强金融支持力度，创新合作方式。

一是充分发挥亚洲基础设施投资银行和丝路基金这两大投融资平台的作用。缅甸当前亟待建立有效的物流和运输体系，急需大量基础设施建设投资，以及与此相连的就业和增收机会。正在推行经济改革的缅甸将从中国倡导的"一带一路"、孟中印缅经济走廊和亚投行中受益良多。要通过亚投行、丝路基金以及中国－东盟投资合作基金等多种渠道，争取资金支持缅甸的基础设施建设和中缅互联互通，支持中缅油气管道沿线的城镇化建设、边贸口岸建设和产业聚集。通过政府引导性投资吸引国内外风险投资参与境外重大工程项目建设，减轻企业资金压力。

二是抓好金融扶持政策的落实，支持企业开拓缅甸市场。加强对金融机构的监督检查力度，保证各项政策措施落到实处。主动为"走出去"企业做好服务，在省级权限范围内的信贷审批、融资、保险等项目，要限时办结。需经上级金融主管部门批准的，应尽快组织申报，争取早日获得批准实施。鼓励金融机构积极创新融资产品，简化审批程序，加强对"走出去"企业的信贷支持力度，扩大对带动作用明显、实力强、信用好的境外投资龙头企业的授信额度。

三是加强金融合作，为深化中缅投资合作提供重要支撑。推动缅甸政府在金融改革方面的改革，不仅有利于促进缅甸的经济和社会的发展，也有利于拓展中缅经贸合作。我国政府应审时度势，主动突破国际不利因素的影响，坚持与缅方政府对话和接触，尽快建立起高层次的双边金融战略合作长效机制。积极搭建中缅金融合作平台，尽快签订中缅跨境清算的框架协议，并根据实际需要逐步丰富合作内容，实现从单边跨境结算向双方互开往来账户的突破，解决人民币与缅币兑换的瓶颈问题。① 发挥我国在金融领域的技术、管理等方面的优势，与缅甸分享金融改革的经验，帮助缅甸培养金融人才，帮助缅甸尽快建立现代化支付结算系统。

5）提升公共外交能力，推动媒体宣传。

一是加强全方位、多层次的公关战略，巩固中国对缅甸民间的影响力。与缅甸政府、各党派、民间社团、NGO、社区等各利益相关方，建立起信息沟通和协调机制。依靠当地商会、媒体等民间渠道，更多披露中国在缅甸的援外情况，宣传中国促进互利共赢的海外投资方针。开展多种形式的人文交流与合作，在两国人民间建立互信，增进相互理解，为深化经济合作夯实民意基础。

二是利用援外资金支持我国 NGO 赴缅开展公益活动。从国际经验以及现实条件来看，要充分发挥 NGO 直接面对普通民众、工作方式灵活、具有专业性强的特点，争取尽快在缅甸

---

① 郑艳玲：《以金融合作助推孟中印缅经济走廊建设》，《社会主义论坛》2014 年第 9 期。

组织实施一批落到实处、惠及民生,有社会影响力、辐射力的公益活动。① 当前可重点面向中缅油气管道项目沿线地区的基层民众,广泛开展教育医疗、减贫开发,环境保护等各类项目。

三是积极发挥华人华侨的作用。在缅甸的华人华侨涵盖了缅甸的主要城市和主要行业,相关地区的华人及其社团,能起到政府和企业难以发挥的作用。由当地华人华侨出面与相关人士沟通协调,往往比中资企业直接出面更有效果。建议外事、侨联等部门,进一步加强与缅甸华人、华侨特别是社团沟通。② 通过其宣传中国投资对缅甸经济的促进作用,使缅甸民众增进对华的正面认知。

(2) 企业层面

1) 维护投资安全,争取企业合法权益。

一是建立企业风险管理组织。赴缅企业应清醒的认识到缅甸当前及今后较长时间都有较高的政治风险。必须全面深入地了解和跟踪缅甸政局变化,关注缅甸贸易、投资、外交政策以及法律法规。健全企业风险管理组织,在组织结构上宜采取单一的垂直领导,确保风险管理计划和方案的迅速传递和执行。

---

① 《中国对缅甸的投资与援助:基于调查问卷结果的分析》,该论文为本项目的阶段性研究成果之一。

② 杨家府:《破解中国企业缅甸困境的策略探寻》,《中共云南省委党校学报》2014年第2期。

二是严谨评估重大投资项目的风险。企业在缅甸从事投资时，尤其是大型项目，务必跟踪分析从各类渠道获得的信息，了解缅甸政治生态、经济环境，预测其政治风险等级。尽量采取元融资方式，避免沦为缅甸当下"民主化狂热"和"资源民族主义"的牺牲品。还要积极借助驻外使领馆的组织协调作用，积极利用外交资源，在项目谈判和商业运营中争取双边政府的支持与关注。

三是积极开展多方位的公关活动。为了应对缅甸目前利益格局复杂，主体众多的情况，企业要积极展开相关的公关活动。对于缅甸政府，可通过外交渠道、民间友好机构的牵线搭桥等，加强合作与联系，尽可能在就业、公益等方面满足缅甸政府的要求，争取获得其理解和支持。此外，新闻媒介的关系也不容忽视，舆论在一个国家的社会情绪上起着导向作用。有了可靠的媒介关系，才能在舆论上把握主动，出色的公关活动对化解和缓和民族主义、排外情绪有独到的作用。

四是吸取经验教训、借鉴其他国家在缅投资的策略。西方采掘企业有许多经验值得中资企业借鉴。如采纳包容兼顾的用工政策促进族裔和社区间的融合；建设真正有利于当地社区发展的基础设施促进社区发展，等等。① 中国企业在缅投资时，

---

① 蒋姮：《高冲突地区投资风险再认识——中国投资缅甸案例调研》，《国际经济合作》2011 年第 11 期。

要向国际知名企业学习和借鉴，强化冲突意识和加强冲突管理，提升企业国际化水平。

2）加强市场调研，调整投资领域与方式。

一是分析缅甸当前经济形势和政府的新政策导向。缅甸政府日益重视民生问题，政府希望外国投资于农业、制造业等领域，以减少贫困、增加就业机会。① 以往政府垄断的核心产业也逐步向民间开放，一些产业的投资前景非常可观。如加工制造业、电力开发、通信、酒店业、金融服务等行业领域。企业应准确了解缅甸市场信息，抓住缅甸政治经济转型带来的新机遇。

二是了解缅甸政治生态，对高风险地区投资应保持谨慎态度。当前企业赴缅甸投资面临的政治、社会安全风险有着明显的地域性特征，要积极做出相应调整。相对而言，在缅族聚居区，投资风险程度较小，而在缅北地区，如克钦邦、掸邦、若开邦等地区，投资风险较高，一些地方依然存在较高的战争风险。企业应谨慎投资，选择风险相对较小的地区开展合作。②

三是准确把握缅甸最新的投资法律法规，做到及时了解和

---

① 《中国对缅甸的投资与援助：基于调查问卷结果的分析》，该论文为本项目的阶段性研究成果之一。

② 雷著宁、孔志坚：《中国企业投资缅甸的风险分析与防范》，《亚非纵横》2014年第7期。

准确把握。缅甸新政府上台之后，陆续出台一系列的经济政策和法律法规。中国企业要进一步了解掌握缅甸相关法律法规的准确内涵、管理机构、执行程序等，并密切跟踪研究《经济特区法》《外国投资法》及其实施细则、环境保护的具体办法、行业规划的制定情况。加强与驻缅使领馆、经济商务参赞处、驻缅媒体单位以及相关科研机构建立合作关系，多方开展资料搜集、研究分析和沟通工作。

专栏4-1

缅甸新《外国投资法》分析

2012年11月2日，缅甸颁布新《外国投资法》。该法共分20章56款139条，将税收减免、土地使用作为了优惠的重点，旨在吸引外国投资，帮助振兴缅甸经济。

（1）给予外商投资更多的优惠政策。新法规定外国投资的制造业、服务业从运行第1年起连续5年免所得税；对出口产品减免50%所得税；外国人缴纳所得税税率享受国民待遇；在境内从事项目有关的研发费用，从利润中扣除。土地使用期限规定为50年，可视情况延长连续2个10年的土地使用期限。从这些规定来看，提供给投资者的优惠政策明确易行，是这部法律的一个亮点。

（2）在外资准入部分，除了禁止影响民族传统及习俗的项目和破坏自然环境及生态链的项目外，还禁止边境线 10 英里内的外国投资项目（经济特区除外）。该条规定意味着，除了我国边境沿线经济特区合作的项目外，中缅边境的一些农业合作项目，以及罂粟替代种植项目的合法性存在问题，今后的投资应注意规避法律风险。

（3）新法规定不会对依法成立的企业实施国有化，也保证没有充足的理由时不会在许可期限内搁置项目。这是一项直接保护外国投资的条款，显然是为了在发生缅甸政府单方面叫停中国公司投资的密松电站、泰国公司投资的土瓦火电站等项目之后，稳定国际社会对缅甸政府信誉和投资环境信心。但是投资法对于国有化发生时如何补偿问题则未作规定，这就有意避开了未来发生国有化或搁置项目时如何处理的复杂问题。可见，缅甸对外资国有化和搁置问题做出专门规定，一方面持慎重态度，一方面并未放弃在特殊情况下依法行使此权利。对于补偿问题，则留下了法律空白，这也是我国投资企业应该注意的。

（4）新投资法具体规定了投资人对国民熟练工人及职员的使用比例。"从项目开始之年起，第 1 年内国民职员占比至少 25%，第 2 年内至少 50%，第 3 年内至少 75%。对于技术含量高的项目，委员会可适当放宽期限规定。不需要熟练技术的项目全部使用国民员工、工人招募可由专业部门或国内职业中介及按投资人的安排办理、项目招工需按规定由当事人双方签订用工合同。"① 除此之外,新法要求合资企业中的缅外员工需实行同工同酬,这就为缅甸工人的权益提供了法律保障,给更多的当地居民提供新的就业机会。

(5) 新投资法注重保护民俗和生态环境。新法将"影响民族传统及习俗、影响民众健康、影响破坏自然环境及生态链和输入有害有毒废弃物的项目"设为禁止项目②,体现了缅甸政府在积极追求经济发展的同时,也同样重视生态和民俗保护。

3) 规范投资行为,遵守法律法规。

一是企业要恰当处理与当地政府的关系。赴缅企业应将投资合作严格限定在法律和商业限制范围内,注重提升与当地政府关系的透明度。还应当制定严格的反腐败措施,重视对外投资的自律管理。"选择当地承包商的招标程序应该透明化,为企业员工以及承包商提供合规培训。"③

二是加强多方协商与信息披露。随着缅甸政治经济转型的推进,企业除了需要继续与当地政府接触外,还要更加重视与

---

① 《缅甸外国投资法》,驻缅甸使馆经商处,2012 年 11 月 7 日,http://www.mofcom.gov.cn/aarticle/i/jyjl/j/201211/20121108422497.html。
② 《缅甸外国投资法》,驻缅甸使馆经商处,2012 年 11 月 7 日,http://www.mofcom.gov.cn/aarticle/i/jyjl/j/201211/20121108422497.html。
③ 蒋姮:《冲突地区投资安全亟需投资模式创新》,《中国经贸》2012 年第 11 期。

民众、社会团体的接触，主动建立兼容并包的利益相关方协商制度。要主动采取建设性对话化解民众、机构等利益相关方的不满情绪。

三是增强环保意识，保护当地生态。要正视在缅投资合作中存在的问题，认真反思企业在国际投资中存在的不足。中国企业在缅甸进行投资活动，特别是资源类的投资，要严格对项目所在地的社会环境进行评估，自觉采用高标准进行项目的环境评估。在项目实施、运营中，也要谨防因环境问题可能引发的各种问题，要扩大公众参与度、知情权，提高决策透明度。

4）履行社会责任，树立良好形象。

一是开展本地化经营，加强与当地民众和企业的利益结合。投资可采取与缅甸企业合资的形式，既可充分发挥当地企业熟悉缅甸情况的优势，又能在很大程度降低投资风险。要尽量增加当地原材料、零部件的采购比例，促进和带动缅甸相关行业的发展，并使这些行业与企业利益联系在一起。抓住缅甸政府大力发展制造业、通讯业、旅游业等行业的契机，加快投资产业结构的调整。促进当地中小企业成长，提高民众收入，使双边合作具有可持续性。

二是加强履行企业的社会责任。企业应在财力允许的情况下，通过改善当地的道路和桥梁等基础设施，承担一些教育、医疗、卫生等公益事业，回馈当地社会。设立奖学金，资助缅甸学生到中国考察和学习等措施，以得到当地政府和广大民众的理解和支持。同时，企业应加大媒体宣传和引导力度，树立起国际化、现代化、可信赖的企业形象。

三是加强文化沟通。企业要尊重和适应缅甸民众在社会心理、文化等方面的习俗。加强对海外派遣人员的管理和教育，培养良好的国际文化沟通和交流能力。增强跨文化沟通的敏感性，识别文化差异，加强文化认同。尊重缅甸宗教文化，对缅甸宗教事业增加捐赠，为当地的经济、文化做出贡献。

（3）具体项目

随着我国"一带一路"战略的推进，以及孟中印缅经济走廊、中国－东盟命运共同体的加快建设，缅甸作为东南亚－印度洋地区的枢纽国家和承载项目的关键国家，在我国对外关系中的战略地位有所提升。尽管当前缅甸的改革进程方兴未艾、变数较多，投资缅甸面临较大风险，但是，实施"一带一路"战略、巩固和深化中缅投资合作，客观上都需要基础设施先行，需要一批重大支撑项目。特别是中缅互联互通、经贸区合作等项目已经开展了很多前期工作，有着较好的合作基础，不少项目关系到中国在周边地区的整体战略，具有重大的战略意义。应该予以高度重视，抓好合作切入点，找准时机重点推进。

1）密松电站。

密松电站的前景主要受制于缅甸国内改革与对外开放的大

形势，中方仍然需要谨慎前行。可以明确的是，缅甸是一个极度缺电的国家，今后要发展，就必须攻克电力供应不足的瓶颈。不管下一届将由哪个政治派别在缅甸执政，密松电站如果不能妥善处理必然会成为其政治负担。

在当前及缅甸大选之后，都要通过各种途径和方法，推动两国政府间的磋商以及同其他政治力量的对话，提出为密松复工而共同努力的合理主张和实施方案，确保缅甸政府水电开发政策的稳定性和延续性，保障中国企业的正当和合法权益。鉴于莱比塘铜矿事件处理模式，中缅双方可以创造条件争取缅方组成调查委员会重新评估密松项目，共同商谈相关事宜，解决民众关切问题。针对昂山素季领导的民盟在2015年大选中获胜，我方应通过各种途径与昂山素季及民盟高层就密松水电站展开解释沟通工作，力争获得昂山素季及民盟的支持，为寻求密松事件的解决奠定基础。

目前仍然应该加大和克钦方面相关高层、重要人物的交流沟通，力求让克钦民地武、克钦邦民众也发出积极正面的声音，对地方政府和中央政府形成一定压力。可以适时的提出伊洛瓦底江上游地区7座水坝建设项目，由克钦邦政府以新股东形式，参与中国企业与缅甸政府的投资，共同进行三边经济发展的建议。以大量的财政税收吸引克钦政府，争取克钦民众和克钦民地武支持重新进行水电开发项目。

除此之外，我国政府和企业必须做好舆论宣传工作。在缅甸当下的政治经济环境下，如果没有强大的正面舆情民意支持，密松电站复工难度巨大，长期坚持做争取舆情民意的工作是必然的选择。政府可从国家战略层面制定相关宣传策略，而企业应从战术层面参与。要有选择、有技巧地加强与缅甸各方面有影响力的政治人物、专家、学者的联系、交流和沟通，争取这些人士能够发出正面的声音。通过有意识、有策划的媒体宣传运作，逐步在缅形成既有正面又有争鸣的舆论氛围，引导正面积极的声音逐步形成一定的影响力。

建议作为密松投资的中电投公司要继续推进企业社会责任活动，与受大坝影响的当地村民展开交流沟通，安置好项目移民的生产生活，减少民间社会的反坝声音，树立公司在缅甸的良好形象。对缅甸社会开展灵活有效的公共外交，与缅甸各层面展开交流，加强与缅甸政府智库的沟通交流，另外也不能忽视缅甸部级以下官员和电力技术专家等各层面的理解和支持。要逐一分析各个利益诉求的不同观点，把握重点，争取重要利益诉求方对项目的支持。

即使在大选之后，中电投的各项公关活动应保持连贯性和持续性，积极争取密松项目合同的持续性能得到保障。但是，如果缅甸政府方面迟迟不做出有关密松复工的相关举动，或是不进行交流或者拒绝展开谈判，可以考虑通过相关法律法规，以及相关协议，与缅甸政府进行交涉，争取赔偿，降低企业损失。

2）中缅油气管道。

尽管当前中缅油气管道已经投产,但是管道在缅甸境内全长771公里,如果沿线地区的地方政府与广大民众没有切实分享管道带来的好处和发展机遇,今后这条管道上随时有被破坏的可能。在今后的中缅合作中,不能仅仅将中缅油气管道作为能源安全通道,更应该采取切实措施,将管道发展成为带动沿线经济发展的引擎,使其成为中缅合作的纽带和动脉。

一是中缅油气管道建设要与缅甸的石油、天然气化工结合起来,深入开展油气领域合作。目前,缅甸每年可在境内下载不超过200万吨原油和20亿立方米天然气。随着缅甸的经济发展以及对石油天然气需求量的增加,中国可以逐步增加对缅石油天然气的供应量。中国企业还可以通过投资缅甸沿线城市的天然气管道建设,使油气管道在缅甸也能惠及广大民众,加速管道沿线城市化进程。还可以通过帮助缅甸建立和发展石化产业,在缅甸投资建炼油厂,解决缅甸成品油短缺的问题,为缅甸民众创造新的就业机会。

二是依托中缅油气管道,推动沿线经济社会的发展。争取在管道沿线建立若干各具特色的经济增长点,形成具有强大辐射力的中缅经济走廊,将通道优势发展成经济优势。进一步增进中缅两国的经济往来与经济联系,开展全方位、多领域、深层次、紧密性的国际经济合作。

三是企业要继续注重承担并履行一定的社会责任。赴缅企业不仅是为当地政府带来财政增收和当地利益集团带来利润，还必须立足在当地社会，扎根于当地，造福于当地。要注重改善民生，尽量使用当地员工。开发当地人力资源优势，培养当地的人才，注重与当地融合和企业的本土化。在财力允许的情况下以无偿的形式投资教育、卫生、扶贫等，回馈社会。在当地树立起良好的企业形象，争取当地政府和民众的长期拥护和支持。

3）皎漂经济特区和中缅公路（铁路）。

中缅公路（铁路）的战略意义无须赘言，项目一旦完工，也必然给中缅两国的经济发展带来显著的推动作用。皎漂经济特区也非常需要这条公路（铁路）拓展其辐射范围，获得更大的市场空间，真正发挥其深水良港的优势。中缅公路（铁路）的建设与皎漂特区的开发相辅相成。如果公路（铁路）不能建成，中方即使拿到了皎漂三个招标区块的开发权，这个港口的战略价值和经济价值将大打折扣；同样，如果中方失去了皎漂特区的开发权，即使缅甸政府同意修建昆明—皎漂公路（铁路），这条公路（铁路）的战略价值和经济价值也将受损。推进昆明—皎漂公路（铁路）的建设与获得皎漂经济特区的开发权必须统筹考虑，不可仅仅重视其中一个方面。

关于推进中缅公路（铁路）项目，目前仍然面临多重阻力。由于这一通道建设周期长，成本回收困难，缅甸政府要求中方以 BOT 形式合作，我国国内没有哪家企业能够独自出资。

同时，我国也将面临着其他国家的竞争。2014年1月20日，日印两国政府决定落实在南亚、东盟之间构建运输网的"亚洲经济走廊构想"，以对抗中国。日本提出的"亚洲经济走廊"包括连接印度、孟加拉国、缅甸和泰国的"东西走廊"以及横跨印度南部、尼泊尔和不丹的"南北走廊"，日本拟在近期提供日元贷款。对此，需要政府予以高度重视，由政府全力调协和支持，加强与缅甸的沟通与交流，争取中缅公路（铁路）项目能够早日取得实质性进展。

4）中国瑞丽—缅甸木姐经济合作区。

中缅跨境经济合作区具备良好的发展基础和广阔前景。此外，从跨境经济合作区目前的建设情况来看，由于项目涉及国家主权及利益冲突等敏感性问题，还涉及众多全局性、政策性等方面的问题，地方政府根本无力解决。因此，只有上升为国家战略才能推进跨境经济合作区深入发展。[①] 从现实条件和日本、泰国两国在缅参与园区建设的经验来看，政府间的高层推动、优惠政策的到位是推进园区建设工作中最关键的两大因素。这两个问题若不能妥善解决，之后的推进工作将困难重重。中国应当加紧与缅政府进行相关协商，晓之以利，积极推进。实现中缅跨境民族共同富裕，掌握边境和平发展主动权。

---

① 罗圣荣：《云南省跨境经济合作区建设研究》，《国际经济合作》2012年第6期。

5）中缅农业合作。

提升农业发展水平是缅甸发展经济、消除贫穷和改善民生的关键，对经济和社会发展意义重大。加强中缅农业合作，可以更深层次的得到缅甸百姓的认同，使最大多数的缅甸民众受益，因此必须加以高度重视，将农业合作作为提升中缅关系、深化中缅投资合作的重要突破口。

一是建议尽快制订加强与缅农业合作的具体规划，对我国企业与缅农业合作进行积极地引导和协调。新的农业合作规划要与我国或云南省在缅北实行的替代种植以及对缅北民地武的工作有机地结合起来。降低缅甸农产品出口到中国（云南）的关税，增加对缅甸农产品的进口。尽快与缅甸政府展开谈判，签署新的检验检疫协议，我国援助缅甸必要的检测设备。出台对我国企业在缅开展替代农业的支持政策，取消替代种植项下农产品进口计划，减少审批环节，缩短审批时间，延长产品返销配额的时限等相关政策。

二是推动相关企业建立联盟，打造"走出去"产业链。目前我国赴缅农业企业普遍存在规模较小、抗风险较差、融资能力不强等特点，应当鼓励赴缅农业企业与非农企业、金融企业间的优势组合，通过创建企业联盟，逐步形成分工合作的产业链。不断开拓与缅甸开展农业合作的新思路，可以考虑充分发挥云南、四川、广西、广东等省份的地缘、技术、资金优势以及良好的合作基础，尝试公私合作伙伴关系模式在中缅农业合作中的应用，探索合作新模式。①

三是尽快建立中缅农业科技合作示范园。主要进行农业优良品种示范、技术推广、人员培训等。农业科技合作示范园的选址可优先考虑缅甸首都内比都附近，发挥示范和带动作用。同时，支持边境州市充分发挥地缘优势，推进与缅北地区建设农业开发合作区、农业示范区，共享农业技术成果与经济效益。

四是建议搭建中缅农业技术合作平台。通过这个合作，主要帮助缅甸传播现代农业科学和技术，推广良种和先进农机、耕作技术，建立缅甸农业自然灾害和病虫害的预报与治理机制，建设国际和缅甸国内农产品价格和市场信息分析中心以及交易平台。②

---

① 张芸、崔计顺、杨光：《缅甸农业发展现状及中缅农业合作战略思考》，《世界农业》2015 年第 1 期。

② 李晨阳：《探索不同规模国家关系模式——以政治转型以来的中缅关系为例》，《国际展望》2014 年第 2 期。

参考文献

1. 中文文献

1. 白志红、柳青：《民族、资源、国家：中缅边境佤族的民族认同和国家认同》，《思想战线》2012 年第 4 期第 35 卷。

2. 毕世鸿：《日本首相安倍晋三访缅对中缅关系的挑战不容忽视》，《缅甸简报》2013 年第 2 期。

3. 毕世鸿：《日本著名缅甸经济专家桐生稔对缅甸问题的看法》，《缅甸简报》2013 年第 21 期。

4. 曹琳琳、李敢：《试论中国国家海外利益保护的网络构建》，《争鸣与探讨》2012 年第 5 期。

5. 崔永杰：《再析中国不干涉政策》，《四川省社会主义学院学报》2012 年第 2 期。

6. 杜兰：《美国调整对缅甸政策及其制约因素》，《国际问题研究》2012 年第 2 期。

7. 杜涛：《浅析缅甸外资政策现状及中缅投资关系》，《经济问题探索》2002 年第 2 期。

8. 范宏伟：《从外交部解密档案看中缅关系中的华侨问题》，《南洋问题研究》2007 年第 1 期。

9. 范宏伟：《东盟对缅甸"建设性接触"政策评析》，《国际问题研究》2012 年第 2 期。

10. 范宏伟：《日本、中国与缅甸关系比较研究》，《吉林大学社会科学学报》2012 年第 3 期第 52 卷。

11. 方宁、罗雪峰、杨育谋：《拷问海外保护机制》，《聚焦》2004 年第 9 期。

12. 〔日〕高田创：《从全球对缅甸的关注看"新重商主义"》，《南洋资料译丛》2012 年 3 期。

13. 郭萍、张文彦、梁超、张育勤、刘爱娇、吴喜、刘敏：《缅甸政局波动对中国地缘战略安全的影响，《云南警官学院报》2012 年第 4 期。

14. 国际地球权益：《中国在缅甸：中国跨国公司加大在缅甸水电、原油及天然气、原油及天然气以及采矿领域的投资力度》，EarthRights International，2008 - 09，http：//www. earthrights. org/sites/default/files/publications/China - in - Burma - update - 2008 - Chinese. pdf。

15. 国际河流：《缅甸密松水坝的教训》，International Rivers，2011 - 10，http：//www. internationalrivers. org/files/attached - files/11 _ worldriversbulletin1011. pdf。

16. 国际危机组织：《中国的缅甸困境》，International Crisis Group，2009 - 09 - 14，http：//www. crisisgroup. org/ ~ /media/Files/asia/north - east -

asia/Chinese/177_chinas_myanmar_dilemma_chinese.ashx。

17. 国际危机组织：《中国的缅甸战略：选举、民族政治和经济问题》，International Crisis Group，2010-09-21，http://www.crisisgroup.org/en/regions/asia/north-east-asia/china/B112-chinas-myanmar-strategy-elections-ethnic-politics-and-economics.aspx?alt_lang=zh-CN。

18. 国际危机组织：《中国的石油政策》，International Crisis Group，2008-06-09，www.crisisgroup.org/en/regions/asia/north-east-asia/china/153-chinas-thirst-for-oil.aspx?alt_lang=zh-CN。

19. 何伯森：《国际工程项目争议如何通过调解解决？》，《中国对外贸易》2010年第11期。

20. 贺圣达：《中缅关系60年：发展过程和历史经验》，《东南亚纵横》2010年第11期。

21. 胡琴：《我国海外投资安全的立法思考》，《北京政法职业学院学报》2012年第1期。

22. 蒋琛：《浅谈建立中国的海外投资保险制度》，《财经纵横》2007年第1期。

23. 蒋姮：《高冲突地区投资风险再认识——中国投资缅甸案例调研》，《国际经济合作》2011年第11期。

24. 蒋玉婷、曾彪：《对外直接投资利益相关者职能定位分析》，《财经界（学术版）》2012年第8期。

25. 克耶新世代青年组织：《奉命离乡》，2011~05，Burma Rivers Network，http://www.burmariversnetwork.org/burmese/images/stories/publications/chinese/ChineseKNGY.pdf。

26. 孔志坚:《缅甸大选后政党政治发展趋势》,《东南亚南亚研究》2012 年第 2 期。

27. 跨国研究所:《资助掠夺——中国在缅北替代种植项目》,Transnational Institute,2012~05,https://www.tni.org/files/download/tni-financing_dispossesion-chinese.pdf。

28. 雷克斯·瑞菲尔、詹姆斯 W. 福克斯:《过多,过快——对缅援助的困境》,《缅甸简报》2013 年第 12 期。

29. 李晨阳:《2010 年以来的缅甸政治转型评析》,《领导者》2012 年第 8 期。

30. 李晨阳:《缅甸军政府对民地武的改编及其对缅甸大选的影响》,载《社会科学专家话德宏》,云南大学出版社,2010。

31. 李晨阳:《缅甸政府对"缅甸的农业发展与中缅农业合作"会议反响强烈》,《缅甸简报》2013 年第 1 期。

32. 李晨阳:《云南大学缅甸研究中心与缅甸 88 学生组织举行座谈》,《缅甸简报》2013 年第 5 期。

33. 李晨阳:《周边外交要注重细节》,《缅甸简报》2014 年第 4 期。

34. 李晨阳:卢光盛、祝湘辉、毕世鸿、李涛,《云南大学西南周边国家社会研究中心赴缅调研报告》,《缅甸简报》2014 年第 7 期。

35. 李晨阳、祝湘辉:《缅甸人眼中的中国形象的变迁及其原因》,《中国人的国际新形象》,新华出版社,2012。

36. 李晨阳、祝湘辉:《西方国家对缅甸的制裁措施》,《国际资料信息》2010 年第 5 期。

37. 李晨阳、祝湘辉:《中国急需加强在缅甸问题上的公共外交——从密松水电站被暂停谈起》。

38. 李晨阳：《2010年大选之后的中缅关系：挑战与前景》，《和平与发展》2012年第4期。

39. 李晨阳：《军人政权与缅甸现代化进程（1962~2006）》，香港社会科学出版公司，2009。

40. 李亮：《中国在缅甸铜矿争议调查：民主转型伤及中资生存》，搜狐财经，2012-11-28，http://business.sohu.com/20121128/n358934024.shtml。

41. 李群：《中国对外直接投资政治风险的法律防范机制》，《特区经济》2012年第3期。

42. 李忠林：《新时期中国在缅甸的战略利益及挑战》，《江南社会学院学报》2011年第2期第13卷。

43. 梁晋云：《缅甸局势及其对中国安全战略的影响》，《云南警官学院报》2011年第5期。

44. 刘宏、汪段泳：《"走出去"战略实施及对外直接投资的国家风险评估：2008~2009》，《国际贸易》2010年第10期。

45. 刘宏、汪段泳：《金融危机后中国对外直接投资的海外利益研究》，《经济理论与经济管理》2011年第8期。

46. 卢光盛：《中缅政治经济关系的发展、现状及其意义》，《国际关系学院学报》2009年第2期。

47. 卢进勇、李峰：《国际投资保护主义的历史演进、特点及应对策略研究》，《亚太经济》2012年第4期。

48. 罗圣荣：《云南省跨境经济合作区建设研究》，《国际经济合作》2012年第6期。

49. 马其家：《我国〈对外投资合作法〉的立法构建》，《宁夏社会科学》2011 年第 1 期。

50. 马燕冰：《缅甸政治经济改革前景及对中国影响》，《亚非纵横》2012 年第 3 期。

51. 马燕冰：《印缅关系的发展及对中国的影响》，《亚非纵横》2009 年第 6 期。

52. 毛宁：《论我国海外投资保险立法的必要性》，《中国集体经济》2008 年第 6 期。

53. 貌达：《文化古都中龙的脚印》，《缅甸简报》2014 年第 1 期。

54. 缅甸电力局与韩国公司签署备忘录：缅甸《金凤凰》中文报，2011 – 12 – 28。

55. http：//www.burmariversnetwork.org/chinese/2008 – 12 – 29 – 09 – 46 – 51/2008 – 12 – 29 – 09 – 51 – 57.html。

56. 内吞乃：《俄罗斯 – 乌克兰克里米亚事件以后轮到缅 – 中佤邦》，《缅甸简报》2014 年第 6 期。

57. 普莉希拉·克莱普、苏珊娜·迪马乔：《维系缅甸转型：十大关键挑战》，《缅甸简报》2013 年第 11 期。

58. 桑林、姚琦：《中国企业"走出去"的政治风险防范与控制》，《国际经济合作》2011 年第 9 期。

59. 孙南申、张苏峰：《海外投资风险防范与安全管理的法律思考》，《时代法学》2012 年第 10 卷第 4 期。

60. 王冲：《缅甸非政府组织反坝运动刍议》，《东南亚研究》2012 年第 4 期。

61. 王璐、张荣美：《战略与国际研究中心缅甸调研报告：国情咨询与对美国政策的建议》，《缅甸简报》2013 年第 10 期。

62. 王子昌：《精英互动与缅甸的政治发展：2011 年缅甸的政治与外交》，《东南亚研究》2012 年第 2 期。

63. 魏海涛：《近年来印缅关系发展中的中国因素探讨》，《华商》2008 年 15 期。

64. 〔日〕西口清胜：《转换为民政后的缅甸——以探讨"民主化"与国际关系为中心》，《南洋资料译丛》2012 年第 3 期。

65. 谢士法、杨蓓：《中缅特殊关系及其发展前景》，《河北经贸大学学报》2011 年第 1 期第 11 卷。

66. 许清媛：《2013 年 5 月缅甸大事记》，《缅甸简报》2013 年第 4 期。

67. 许清媛：《2013 年 6 月缅甸大事记》，《缅甸简报》2013 年第 9 期。

68. 许清媛：《2013 年 7 月缅甸大事记》，《缅甸简报》2013 年第 13 期。

69. 杨威：《"走出去"之后的安全风险与保障》，《法制与社会》2012 年第 3 期。

70. 杨祥章：《美国民主基金会 2012 年在缅甸实施的项目》，《缅甸简报》2013 年第 8 期。

71. 杨振发：《中缅油气管道运输的若干国际法律问题》，《昆明理工大学学报》2011 年第 4 期第 11 卷。

72. 殷浩：《中缅管道项目对东南亚及我国西南地区的影响》，《中国科技信息》2012 年第 9 期。

73. 殷仁胜：《中国海外能源投资风险与国际法保障》，《三峡大学学报》2012 年第 4 期第 34 卷。

74. 殷仁胜、胡孝红：《中国能源企业"走出去"的非商业风险及对策——以国际法为视角》，《特区经济》2012年第6期。

75. 查道炯：《中缅美三方合作民间对话会议情况简要报告》，《缅甸简报》2013年第23期。

76. 赵洪：《中国应积极应对缅甸转型》，《联合早报》，2012～04。

77. 赵灵敏：《国人境外遇袭抗险新思维》，《南风窗》2007年第21期。

78. 周雷：《中缅油气管道的"政治生态"》，《公共政策》2012年第8期。

79. 周宇：《中国缅甸政策检讨》，《凤凰周刊》2011年第35期。

80. 朱立：《经济政治化：中国投资在缅甸的困境与前景》《印度洋经济体研究》2014年第3期。

81. 祝湘辉：《云南大学缅甸研究中心与香港大学社会科学学院合作举办缅甸问题国际学术研讨会》，《缅甸简报》2013年第6期。

82. 祝湘辉、李晨阳：《2011年的缅甸：在改革中前进》，《东南亚纵横》2012年第2期。

83. 祝湘辉、李晨阳：《美国驻缅大使米德伟2013年11月23日在仰光会见参加中美缅三国学者对话会议代表时的谈话》，《缅甸简报》2013年第20期。

84. 祝湘辉、李晨阳：《与美国驻缅甸大使米德伟座谈纪要》，《缅甸简报》2013年第19期。

85. 邹启宇：《缅甸是个好邻居》，《缅甸简报》2013年第7期。

86. 邹淑环：《论我国对海外直接投资的法律保护原则与措施》，《现代财经》2008年第4期第28卷。

87. 《2013 年缅甸投资环境评估》,《缅甸简报》2013 年第 3 期。

88. 《飞利浦公司将帮助缅甸减少电力耗损》,缅甸《金凤凰》中文报,2013~01~31。

89. 《加强"走出去"风险防控体系建设,切实保障我国境外资源利益》,《中国国土资源经济》2012 年第 5 期。

90. 《健康的河流,幸福的邻居——对中国在缅甸开发水电的评论》,缅甸河流网,2009 年 5 月,http://www.burmariversnetwork.org/chinese/images/stories/publications/chinese/healthyrivers.pdf。

91. 《缅甸将重新调整电费》,缅甸《金凤凰》中文报,2013~01~04。

92. 《缅甸军阀的水电,克耶邦水电的教训——从鲁比达瀑布到萨尔温江》,《克伦尼研究和发展组织的报告》,2006 年 3 月。

93. 《缅甸联邦议会通过新外国投资法案》,缅甸《金凤凰》中文报,2012~09~10。

94. 《缅甸有近 5 万个乡村未实现供电》,缅甸《金凤凰》中文报,2012~12~03。

95. 《秦晖:密松之惑(上)》,共识网,2012~02~10,www.21ccom.net/articles/qqsw/qqgc/article_ 2012021053372.html。

96. 《秦晖:密松之惑(下)》,共识网,2012~02~19,www.21ccom.net/articles/qqsw/zlwj/article_ 2012021953924.html。

97. 《秦晖:密松之惑(中)》,共识网,2012~02~12,www.21ccom.net/articles/qqsw/qqgc/article_ 2012021153447.html。

98. 《世界银行集团同意支持缅甸电力建设》,缅甸《金凤凰》中文报,2013~02~14。

99. 《特别观察：纺织服装企业投资缅甸的机遇与困境》，缅甸《金凤凰》中文报，2012~08~14。

100. 《外商在缅投资的电力项目共有44个》，缅甸《金凤凰》中文报，2012~08~09。

101. 《外资风电企业计划进军缅甸》，缅甸《金凤凰》中文报，2012~07~30。

102. 《新的供资方与环境——关于金融机构如何保护环境的十点看法》，《国际河流组织》，2008年5月。

103. 《英国将优先投资缅甸电力产业》，缅甸《金凤凰》中文报，2013~12~24。

104. 《政府将确保2013年夏季用电充足》，缅甸《金凤凰》中文报，2013~01~04。

105. 《中国大使李军华答缅甸媒体记者问——李大使就中缅关系、铜矿等两国大型合作项目和经贸往来等问题接受采访》，缅甸《金凤凰》中文报，2012~11~08。

106. 《中泰两国计划对缅风能发电工程投资》，缅甸《金凤凰》中文报，2012~08~16。

107. 《2013缅甸电力能源展会将于10月举行》，缅甸《金凤凰》中文报，2013~01~31。

2. 外文文献

1. Alexis Rieffel, *Myanmar/Burma: Inside Challenges, Outside Interests*,

Brookings Institution Press and Konrad Adenauer Foundation, 2010.

2. *Burma Army Atrocities Pave the Way for Salween Dams in Karen State*, Karen Rivers Watch, 2004.

3. *Corridor of Power: China's Trans - Burma Oil and Gas Pipelines*, Shwe Gas Movement, 2009.

4. David Steinberg, *Burma/Myanmar: What Everyone Needs to Know*, Oxford University Press, 2013.

5. Fan Hongwei, *Enmity in Myanmar against China*, Singapore, 2014 - 02 - 17.

6. Khoe Kay, *Biodiversity in Peril*, Karen Environmental and Social Action Network, 2008。

7. Li Chengyang and Wilhelm Hofmeister, *Myanmar: Prospects for Change*, Select Books Pte Ltd, 2010.

8. Stephanie Shannon and Nichoals Farrelly, *Whither china's Myanmar stranglehold*, Singapore, 2013.

9. *Under Currents: Monitoring Development on Burma's Mekong Issue 1*, The Lahu National Development Organization (LNDO), 2005 - 01.

10. *Under Currents: Monitoring Development on Burma's Mekong Issue 2*, The Lahu National Development Organization (LNDO), 2006 - 07.

11. *Under Currents: Monitoring Development on Burma's Mekong Issue 3*, The Lahu National Development Organization (LNDO), 2009 - 04.

附录一

缅甸政治经济转型背景下的中国对缅投资[*]

卢光盛　金　珍

摘　要：近年来中国一直是缅甸的第一大外来投资国，但从 2011 年密松水电站被搁置事件以来，中国对缅投资遇到了一些始料未及的困难，给中缅两国的经济合作甚至外交关系都带来了消极影响。令人担忧的是，目前还看不到改变这种局面的明朗前景。本文讨论的问题包括：（一）从缅甸国内政治斗争、经济改革进程、民众社会意识上升等角度，分析 2010 年缅甸政治经济转型对中国在缅投资带来的影响；（二）从政策、主要项目、投资数量变化、投资人策略与行为调整等方面，分析 2010 年以来中国对缅投资的新变化；（三）从非政府组织的作用、其他国家企业对缅投资的前景等方面，分析其对中国在缅投资带来的影响；（四）在上述基础上，简要分析

---

[*] 该文修订后发表于《南亚研究》2013 年第 3 期。

中国对缅投资的发展前景。

关键词：缅甸　政治经济转型　境外投资安全　中缅经济关系

在过去的 20 年里，随着中缅关系的巩固和西方对缅甸制裁的升级，中缅两国保持着一种特殊友好的关系。至 2012 年，中国对缅投资总额达 140 多亿美元，约占缅甸外资的 50%，是缅甸的第一大投资来源国。2010 年大选是缅甸政治发展的重要分水岭，缅甸由军人政权转型为民选政府，陆续在政治、经济、社会等领域推行了一系列重大改革，呈现出政治生态多元化、经济社会利益复杂化、国内外各种力量竞争激烈化的特点，给中缅关系以及中国在缅投资带来了重大影响和挑战。继 2011 年 9 月缅甸单方面搁置密松电站，2012 年 11 月的莱比塘铜矿抗议事件之后，中缅油气管道也面临着更多不确定因素的影响。当前，在缅甸政治经济转型的背景下，中国对缅甸投资的前景值得密切关注。

一　缅甸政治经济转型对中国在缅投资的影响

（一）前景不明朗的缅甸民主化转型给中国在缅投资带来政治风险

从目前来看，缅甸的政治改革前景尚存在较大的变数。虽然缅甸新政府和民众对民主的期望值都比较高,但政府官员和一般民众对于民主的内涵、实质、意义和实践的认识都还较为肤浅。如果缅甸政治改革的速度推进过快,触动了前军人政权高级军官和军队的利益,同时又不能很好地解决社会经济发展与民族和解等重大问题,缅甸的改革可能夭折,并导致严重的社会动荡。当然,如果缅甸的政治转型能够顺利实现软着陆,继续扩大对外开放,经济发展迅速,社会稳定,这样的局面则有利于扩大中缅合作。

缅甸国内民主化转型对其外交肯定是有影响的。对中缅关系而言,它对中缅外交关系的长远影响还有待进一步观察,但它对中国在缅投资的影响却已经显现。一是相比于军政府时期,缅甸政治运作规则已经有所改变,会在较大程度上体现到经济领域上来。原军政府盛行"宫廷政治",决策权局限于高层精英圈子。2011年转型之后,缅甸出现了政府、议会、法院、军队和政党等多个权力中心,决策权有所分散,政治生态也有所变化。对缅甸的总统、议员和地方行政长官等政治家而言,重要的是民众的选票,为了保证自己的选票,不排除一些政治家、政党会迎合一些民众某些不理性的看法和观点,采取一些短视的、过激的行动。在这样的背景下,中国投资的项目最容易成为找到的攻击对象之一。事实上,从2011年的密松电站事件到2012年的11月的莱比塘铜矿抗议事件,都说明目前缅甸部分政党和民众对中资企业的抗议有着严重的民粹主义表现，中国投资项目在相当程度上成为缅甸民主化进展的牺牲品，这是最大的政治风险。

二是目前中国在缅投资项目合同大多是和军政府而不是新政府（"民主政府"）签订的，很容易被一些缅甸人贴上"不透明""不公平"和"只对军政府和中国有利，而损害缅甸人民利益"等标签。显然，这种"有罪推定"的做法是不合理的，对中国企业而言也是不公平的，但却是真实存在的问题。

三是缅甸政府试图拉入更多区外大国卷入缅甸事务，事实上导致了中国在缅甸的投资合作面临更加复杂化的局面。很难保证未来在某个具体的项目上，缅甸政府不会因为要满足其他国家的某些要求而损害中国的利益。至于这种做法是否最终符合缅甸的长远利益，就不得而知了。

（二）缅甸经济改革进程使中国在缅甸投资面临新挑战

缅甸新政府目前已经推行了一系列经济改革，对国内经济政策进行了较大幅度的调整。在缅甸经济发展面临的诸多风险中，首当其冲的是经济改革和经济自由化带来的不确定性。缅甸正在致力于市场化改革，但政府如果对于改革的节奏和力度把控不好，在控制通胀、保持汇率和资本流入稳定以及信贷合理增长方面出现失误，将导致经济出现动荡，使得中国在缅甸投资面临许多不可控的风险。①

仔细分析缅甸政府在新《外国投资法》中的政策导向，有几点需要特别关注。一是缅甸政府特别强调外国投资对开发资源以保障内需和扩大出口的作用，也明确提出外国投资要用来发展"国家电力及能源等基础设施"。由此看来，电力依旧是缅甸吸引外国投资的重点领域，并不会因为密松水电站搁置事件而出现大的政策变化。二是对于投资保障方面，新法的规定避免了项目被缅甸国有化的风险，但也面临着缅方以所谓"充足的理由"来搁置项目的风险。三是该法明确规定在缅甸边境线10英里（约16公里）范围内的外国投资项目，只能在缅甸政府制定的经济区范围之内。目前中国在缅投资的替代种植项目，大部分并不符合这条规定，由此带来了法律风险。

在投资机遇方面，随着缅甸政府将要把以往政府垄断的核心产业向民间开放，一些产业将成为新的投资热点，中国在缅甸的投资也可考虑向其他较少涉足或新开放行业发展，如电信业、酒店业、银行业等。电信业是缅甸政府希望发展的基础产业之一，为此2012年开始，缅甸政府已放宽了电信业的投资限制。而2014年缅甸将成为东盟主席国，可能会有更多的外国游客前来缅甸，将带来饭店与旅游业的发展机会。

---

① 《投资缅甸　政治经济风险都不小》，人民网，2013年1月24日，http://world.people.com.cn。

（三）社会公众意识上升对中国企业在缅经营活动带来新要求

过去的 20 年里，中国已经在缅甸展开了大规模投资活动。来到缅甸的中国企业与公民不断增多，由于经济利益、价值观、文化理念、生活方式和宗教信仰等方面的差异，中国人与缅甸人在交流过程中产生的碰撞和摩擦正在逐渐上升，令传统上缅甸对中国普遍友好的态度有下滑趋势，部分缅甸民众逐渐对中国产生了一些疏离和抵触情绪。这是近年来中国在缅投资被批评和指责的民意基础，是当前及未来中国投资者需要花大力气去应对的问题。

另外，缅甸新政府放松对社会控制的举措，带来了缅甸公民社会的崛起以及西方 NGO（非政府组织）渗透的局面，并造成了缅甸社会的多样化。随着社会空间的扩大，包括 NGO、INGO（国际非政府组织）和 CBO（社区组织）等各种社会组织如雨后春笋般涌现，这些组织非常活跃，发动了争取人身自由、言论出版自由和民主人权的运动，改变了原来军政府时期的社会生态。在这种情况下，中国投资越来越多地受到一些缅甸人的指责，在各种不同的国际场合都能听到一些批评的声音，有些甚至将中国投资者描述成"资源掠夺者"和"环境和传统文化的破坏者"。

（四）缅北民族冲突是影响中国在缅投资的不确定性因素

由于地缘和历史等方面原因，中国在缅投资项目有不少是在缅北少数民族地方武装（以下简称"民地武"）控制的区域。迄今为止，在中缅边境缅方一侧的民地武中，除了克钦独立军还在和缅政府边打边谈之外，缅北的佤联军、掸东同盟军、掸邦军（南、北）又先后与缅甸新政府签署了新的和平协议，此前克钦保卫军、克钦新民主军、崩龙解放军已接受了缅甸军政府的改编。所以，现在缅北的局势总体上有利于缅甸新政府，但是，缅甸新政府与缅北民地武签署的新和平协议并没有解决民地武的最终地位、民地武领导人和武装力量的安置等核心问题，将来缅甸新政府和民地武还将就这些问题继续进行谈判，但能否达成最终的一揽子协议还有待观察和等待。因此，缅甸的民族和解进程远未到尘埃落定的阶段。总体上，缅政府与克钦独立军的矛盾难以协调，双方的差距过大使得和谈成功遥遥无期，近期内冲突难以完全平息。

民选政府产生后，缅甸有十多个少数民族政党在国会拥有席位。军人集团对地方控制减弱，地方民族组织、政党对地方利益的支配能力增强。而少数民族控制的地区恰恰又是缅甸水力、矿产等资源富集的地区。近年来中国企业在少数民族控制地区进行投资时,已经很难避开缅甸政府与地方民族武装的利益矛盾,这将使中国与缅甸的投资合作项目面临着许多不确定因素。在缅甸民地武问题彻底解决之前,中方在缅甸投资的过程中,需要应对好缅甸中央政府和民地武之间的利益冲突,让双方都能接受中方与其一方签订的协议,并能顺利实施,这一个问题至关重要。如果解决不好的话,任何一方挑起的事端都可能让中方在缅甸的投资遭受重大损失。更糟糕的是,引发危机的主动权,有时是掌握在缅甸中央政府之外的其他人手里,例如某个民地武,甚至是缅甸军队。

二 2010 年以来中国对缅投资的变化

(一)中国对缅投资政策和行为的部分调整

随着缅甸政治经济的转型,针对中国与缅甸的经贸合作出现的新情况和新问题,中国对缅甸的政策也相应地做出了一些调整。在外交方面,2015 年年初,中国任命资深外交家王英凡为亚洲事务代表,目前专门负责缅甸事务。中国还积极协调缅北民族和解问题,已在云南瑞丽安排几次缅甸军政府与克钦独立武装的和谈。新上任的中国驻缅大使杨厚兰也在与各方接触,包括昂山素季、88 学生组织的领导人等。驻缅使馆开设了"脸谱"账号，作为与当地民众沟通的渠道。① 中国在中缅三亚联合公报发表后更是正式邀请缅甸国内多个非政府组织和政党访问中国，最引人瞩目的就是6月缅甸最大反对党全国民主联盟将派团访华。② 缅甸大选后，由于长期封闭的原因，加上之前很少有互动，缅甸国内的许多政治力量对中国还存在着猜疑、误解和不信任。中方已意识到过去与缅甸在外交方面的局限，三亚联合公报就是对以前中国对缅政策和一些措施的纠偏。今后中国与缅甸内部各个政治派别和利益派别的互动将会长期化、制度化。不管结果往哪个方面发展，但一定会加深两国人民的了解，对未来两国关系的发展将会起到重要作用。

与此同时，中国政府也提升了对中国"走出去"企业的环境标准。2013年2月，中国商务部、环境保护部联合发布《对外投资合作环境保护指南》③，这是中国在对外投资合作领域中，针对企业环境保护行为发布的首个专门性指南。该指南明确提出，要按照属地管理原则，企业"走出去"后作为投资所在国的企业公民，应遵守东道国的环保法律法规，履行环

---

① 《中国试图在缅甸转变形象》，新华网，2013年5月20日，http://news.xinhuanet.com/world/2013-05/20/c_124736726.html。
② 《缅甸反对党领导人昂山素季6月不随团访华》，《环球时报》2013年5月24日，http://world.huanqiu.com/exclusive/2013-05/3965330.html。
③ 《我国发布首个对外投资合作环保指南》，新华网，2013年2月28日，http://news.xinhuanet.com/fortune/2013-02/28/c_114842033.htm。

保责任。另外，根据中国驻外使馆经商处的要求，从2013年4月开始中国企业赴缅甸投资须经省（市）商务主管部门出具推荐意见。这些政策的推行将进一步规范中国企业在缅甸的投资行为，具有积极的意义。

（二）中国企业的策略与行为调整

面对缅甸当前复杂的局势，中资企业在担忧观望的同时，也有部分企业反思过去的行为，并采取一些以往较为少见的做法。如加大对企业社会责任的重视和投入，提升透明度，积极与当地媒体沟通，改变以前"只做不说、多做少说"的情况。承建密松大坝的中国电力投资集团公司投入了大量资源，争取改变缅方对密松大坝的看法，包括请缅甸媒体到中国、增加公司管理层与媒体的沟通，以及向当地社区做宣传等。在中缅石油管道施工过程中，中方除规范水保监理、环境监理等重要环节外，还在就业、基础建设、环境、慈善等方面投入大量资金和精力。中缅油气管道项目已经向缅甸累计投入了近2000万美元的巨额资金，专门用于改善管道沿线地区教育、医疗、电力等方面基础设施建设。完成援建45所学校、2所幼儿园、3所医院、21所医疗站、马德岛水库与若开邦输电线路；[①] 万宝

[①] 《中缅油气管道项目有关部门负责人举行记者招待会》，缅甸《金凤凰》中文报，2013年5月13日，http://www.mmgpmedia.com/2013-01-29-05-39-37/3934-2013-05-13-07-17-00。

矿业计划在莱比塘铜矿的周边建设新学校、图书馆并翻修公路等。①

(三) 中国在缅甸投资数量呈下降趋势

根据 2013 年 3 月 22 日在仰光举行的缅甸投资峰会的数据显示，缅甸 2010~2011 财年外国直接投资额达到 200 亿美元峰值以后，近两年来连续下降。2011~2012 财年投资额为 46.44 亿美元，2012~2013 财年投资额仅为 14.19 亿美元。② 其中，中国对缅甸的投资出现了骤降。由于前几年中国有巨额投资进入缅甸，截至 2012 年 8 月，中国对缅甸投资总额达到 141.1 亿美元，位居外国对缅投资首位，投资领域主要有石油天然气、电力、矿产业、制造业等。但是据中国《环球时报》报道，自 2011 年密松水电站被停后，再无新的中国投资进入。③

民选之后的缅甸，在诸多方面仍然存在不确定性。新政府上台后各项改革的时间还比较短，效果尚待观察。虽然"开

---

① 吴登盛访美：美缅关系走向正常化，http://www.ciis.org.cn/chinese/2013-05/23/content_5974377.htm。
② 《上财年外国对缅投资总额为 14 亿美元》，中华人民共和国驻曼德勒总领馆经济商务室，2013 年 5 月 14 日，http://mandalay.mofcom.gov.cn/article/jmxw/201305/20130500125337.shtml。
③ 《缅甸民主转型伤及中国投资》，环球时报，2012 年 11 月 29 日，http://world.huanqiu.com/depth_report/2012-11/3324301.html。

放"成了各界对缅甸未来经济政策的预判基调,但缅甸一直为投资者所诟病的政策不确定性,让不少中国企业谨慎行事,在具体政策未明朗之前选择了观望。另外,一些中国企业在缅甸的投资项目也遭遇变数的风险。由于涉及中央政府和地方政府的利益分配问题,有时候同中央政府签下的合同,地方政府不认;或是同地方政府谈好的合约,又遭到中央政府的否定。此外,缅甸民族和解正在推进,但矛盾依旧尖锐,尤其在边境地区面临很大的不确定性。① 因此,最近两年在缅北的替代种植项目上,有些中国企业已经开始逐步暂停在项目中的投入,希望等大局明朗之后再做决定,有些企业甚至有撤出缅甸、转向老挝的打算。

三 中国对缅投资中的外部影响因素

(一) 外国非政府组织的作用

经过几年甚至多达 10 余年的渗透,西方的 NGO 和学者已在缅甸培养出了一批深受西方影响、英文较为流利、对中国有一定偏见的缅甸社会活动家,这些缅甸人在美国等西方国家机构的资助下,到处参加各种学术会议和论坛进行交流对话,用

---

① 《投资缅甸"黄金期"到了吗?》,《云南信息报》2012 年 4 月 16 日,http://news.ynxxb.com/content/2012 - 4/16/N97897957583.aspx。

极端理想主义的标准来评价中国在缅甸的投资和活动,进而诋毁中国的形象。从国际舆论来看,西方媒体不时故意抹黑中缅关系和中国政府、企业和公民,给中国对包括缅甸在内的境外投资带上"掠夺资源""不履行社会责任""破坏生态""民众不能从中获利"等诸多帽子,散布中国投资不利于当地民族工业发展的观点,中国企业在缅甸投资的风险与成本明显上升。

同时,由于西方国家前些年在缅甸没有大项目投资,中国在缅甸的投资项目无法与西方同类项目进行比较,西方 NGO 宣扬的极端理念也能被缅甸的知识阶层所接受。目前缅甸部分民众用比较极端的理想主义眼光看待中国投资,一味地要求投资项目对环境不能有任何的破坏,绝大部分的好处要给当地老百姓,但却很少考虑这些投资项目对整个缅甸经济发展的促进作用,以及外资企业是否能够盈利。如果各方利益得不到平衡的话,投资者不敢贸然投资,只能保持观望态度。

(二)缅甸非政府组织的影响

缅甸的公民社会空间在过去 20 年中已经得到了一定程度的开放,许多国内 NGO 和社区基层组织都在当地建立起机构,从事 NGO 活动人数也大大增长,他们活动范围遍及全国各地,涉及领域非常广泛。中国作为缅甸第一大投资国,其投资活动不可避免地受到 NGO 的批判和指责。其中一些 NGO 并不单纯是专业环境组织,同时也政治组织。例如密松电站项目上,很难说是单纯的环境因素引发了密松电站停建，它同时是政治斗争的结果，受到了缅甸国内和少数民族政治团体的压力。该事件中，克钦发展网络集团（Kachin Development Networking Group，KDNG）起了很大的作用。KDNG是缅甸克钦族活动家和海外克钦人士自愿组织的NGO，宣称其目标是与当地克钦组织协作实现可持续发展，推动当地克钦人民建立平等和公正的公民社会，争取克钦社会和政治改革。

值得注意的是，在密松电站停建后，包括中缅油气管道在内的其他重大中缅合作项目也受到攻击。如"国际地球权益组织"（Earthright International）和"瑞天然气运动"（Shwe Gas Movement）多次发表研究报告，指控中缅油气管道项目在征地、环境破坏、强制移民、军事劳役方面损害了缅甸人民权益。若开石油观察（Arakan Oil Watch）发表报告称，缅甸资源收入不透明，数十亿美元的天然气销售收入被军人领导非法占有，中国投资增长了这种不透明性。其提供的证据非常具有选择性和诱导性，但在没有来自中国有关方面的澄清和反驳的情况下，这些报告在国际社会产生了非常恶劣的影响。

有消息来源称，以88学生组织为首的缅甸极端民族主义势力已经将矛头对准了中缅油气管道项目，在管道沿线雇佣当地人搜集了大量关于中缅油气管道项目所谓强制劳役、强行征地、破坏环境和收入不透明的负面证据，并在仰光和曼德勒等大城市不断活动，与当地新闻媒体一起制造舆论，不排除其矛头最终指向中缅油气管道等项目的可能。

(三) 其他国家投资缅甸的前景

2012年,以美国为首的西方国家陆续取消了对缅投资禁令。2012年5月17日,美国宣布暂停对缅甸的经济封锁,这意味着美国企业可以到缅甸直接投资,但美方限制美企业与前政府关联企业进行投资合作。2012年7月11日,美国财政部签发了第17号一般许可,允许在缅甸投资。该许可允许对缅甸各行各业进行投资,缅甸国防部、国家或非国家武装,以及它们所拥有的企业除外。但美国仍禁止本国公民与在"特别指定国民"(Specially Designated Nationals, SDN) 榜上有名的人及其拥有50%或以上股权的企业开展商业活动[1]。2012年11月美国总统奥巴马对缅甸进行了历史性的访问,更是使得一些缅甸人对发展与美国还有其他西方国家的经济合作充满期待。最新的消息是:2013年4月22日,欧盟正式解除了对缅甸除武器禁运之外的一切制裁;5月26日,日本宣布将向缅甸提供规模达910亿日元的政府开发援助,并免除缅甸约2000亿日元的债务。[2]

---

[1] 美国财政部海外资产控制办公布的"特别指定国民"名单可参见 www.treasury.gov/resource-center/sanctions/SDN-List/Pages/default.aspx。

[2] 《安倍晋三会晤吴登盛 宣布免除缅甸拖欠债务》,新华网,2013年5月27日,http://news.xinhuanet.com/world/2013-05/27/c_124765972.htm。

美国、日本等西方国家的强势回归，使得一些缅甸普通民众以为，政治开放会使缅甸成为全球投资的热土，西方企业将带来更大的利益，缅甸不用再依赖中国投资。但是，招商引资需要一定的条件。无论就软硬件来说，缅甸实际上还并不具备外资大规模进入的条件。从硬件来讲，缅甸大多数城市基础设施落后，电力供应不稳定，物流成本及办公场地租金飞涨，技术工人缺乏，金融保险服务严重缺失等。在软件方面，缅甸社会转型期还隐藏着深刻的民族宗教冲突危机，在经济领域上虽然出台了一系列新的法律法规，但其实施细则及效果还不得而知。

另外，由于美国对缅甸的制裁只是暂停，而未完全取消，再考虑到西方国家企业的经营自主权很强的因素，即使欧美国家政府取消对缅制裁，企业也不会贸然进入缅甸这一陌生市场，关键还取决于缅甸市场是否真的有利可图。而且当前美国经济尚未完全从全球经济危机中恢复过来，欧洲深陷债务危机，指望西方国家短期内对缅实施大规模的投资和援助并不现实。

四 中国对缅投资的发展前景

（一）莱比塘铜矿抗议事件调查报告有积极意义

莱比塘铜矿项目调查委员会在2013年3月11日向总统提

交最终调查报告。最终结论称，莱比塘铜矿项目主要是因为缺乏透明度，开发商、当地民众及地方政府间缺乏沟通交流。由于土地征用费用偏低及工作权益未得到充分保障导致示威，加之土地征用过程中有关方面缺乏解释及外地组织和团体介入，导致事态升级。考虑到经济、社会、环境保护、国际关系等综合情况，调查委员会认为项目需要采取必要的改进措施，建议继续实施莱比塘铜矿项目。报告同时指出，铜矿项目是双边正式签约项目，如果单方面停止项目，会影响缅甸信誉和外资信心，从国际关系层面考虑会影响双边关系，也影响当地民众未来利益并对环境恢复带来诸多困难。报告建议对环境保护、当地民生补偿、公司合作协议等进行必要改进；建议开发商与当地协商将项目地的寺庙完整搬迁；建议警察部队规范和改进执法行为；呼吁民众和政府机构增强法治意识等。[①]

这份最终调查报告有其特殊性，莱比塘铜矿项目被抗议的背后，同样有着缅甸国内复杂的政治和社会因素。目前外国对缅甸投资的总额约为400亿美元，其中绝大多数集中在能源、资源行业，但是这些项目多数在缅甸实施政治和经济改革前，由外国企业同缅甸军政府签署，很多资源类项目因为运作不透明、拆迁补偿不公遭到民间的质疑和抗议。除了中国投资项目

[①] 《缅甸调查报告认为中资铜矿项目应继续实施》，新华网，2013年3月12日，http://news.xinhuanet.com/world/2013-03/12/c_114996064.htm。

在缅甸遇到阻力外，2012年1月缅甸政府也曾以环保为由，叫停了泰国意泰公司计划在土瓦修建的一座大型火电站。针对缅甸接连撕毁同外国企业签订商业协议的行为，昂山素季曾表示："政府在实施大型工程前需要透明。然而，如果我们单方面撕毁同外国公司签署的正在进行的工程合约，我们将会丢掉国际信誉。如果缅甸想要成为国际社会平等的一员，那么它必须信守承诺。"① 因此，莱比塘铜矿项目调查报告对于中国投资缅甸，还是有积极意义。尽管近期缅甸出现了一些对外资不友好的热点事件，但缅甸对外资的急迫需求决定了缅甸将会在对待外来投资上采取越来越务实和公正的态度。缅甸的经济和政治变化将会减少缅甸政府对经济行为的干预，减小投资不确定性风险，这无疑有助于外国投资者恢复信心。

（二）未来缅甸国内政治斗争进入敏感时期

当前，吴登盛政府上台已满两周年，缅甸的对外开放和改革也进入了一个敏感阶段。从目前的情况看，吴登盛政府仍会继续推动改革。但现在的缅甸和两年前刚刚开始改革的缅甸已经不同，民众变得更加分散，各方利益集团的博弈更加公开化，旧有的矛盾更加突出。缅甸最大反对党全国民主联盟

---

① 《投资缅甸 政治经济风险都不小》，人民网，2013年1月24日，http://world.people.com.cn/n/2013/0124/c57507-20310884.html。

（NLD）的重新崛起，已形成冲击未来政坛之势。而多种政治势力和利益团体的突然活跃，以及境外缅甸人士所办媒体"移师"国内，都给缅甸政局增加了不少复杂变数。①

2012年以来缅甸发生的多起宗派冲突事件给缅甸社会稳定带来了消极影响，成为缅甸吸引外资新的障碍因素。这些事件分别发生在2012年6月和10月的若开邦，2013年3月的密铁拉，以及5月的腊戍。这一连串的事件似乎揭示了一种趋向，即随着政府控制的放松，原先被"高压盖子"压制之下的各种矛盾可能随时会爆发，破坏缅甸的社会稳定，阻碍外来投资的步伐。可以预见，从现在开始到2015年缅甸大选这段时间，上述各种因素的斗争有可能趋于复杂和深化，很多现实问题与缅甸军政府时期遗留下来的问题会纠缠在一起，各种矛盾此起彼伏，让人应接不暇，缅甸所有的外来投资项目都有可能遇到意料不及的风险。

民地武问题始终是中国对缅投资过程中绕不过去的一道坎。彻底铲除民地武、消除"国中有国""一国多军"现象是缅中央政府的既定目标。在水能资源多的地区建造大坝和水电工程，是缅政府在少数民族地区扩张势力的一种方式。中央政府以保障项目建设和运营为名，以强制方式将少数民族驱离，

---

① 《缅甸政局进入复杂敏感期》，人民网，2013年3月20日，http://world.people.com.cn/n/2013/0320/c1002-20845487.html。

然后军队在项目区长期驻扎，并不断增加驻军地点，扩大和强化在少数民族地区的统治。缅甸军队有可能出于凸显自身重要性的目的，借口保护重大项目，而主动甚至擅自采取对民地武的军事行动。反过来看，民地武方面出于某些目的，也有可能采取针对外国投资项目的行动。从这个角度来看，包括来自中国在内的在缅外国投资项目有可能被缅甸各方力量所挟持，成为缅甸内部政治斗争的着力点甚至是牺牲品。2013 年 5 月底缅甸中央政府和克钦独立军在密支那签署停火协议，被一些分析家认为是缅甸民族和解的"重大突破"，但笔者认为这个结论下得过早了，也不足以消除中国投资者的担忧。

（三）"民主狂热"之后的冷静认识？

从现在的情况来看，昂山素季和她所领导的缅甸全国民主联盟（以下简称"民盟"）很有可能在 2015 年的大选中胜出。当前缅甸民心思变，"不管好不好，先换人再说"的心理明显，而昂山素季的威望又很高，如果能够通过修改 2008 年缅甸宪法中关于"配偶或子女为外国国籍的人士不能担任总统"的条款，昂山素季的胜选很大。昂山素季要想在竞选中获胜，必须处理好与当前缅甸政府的关系。而在改善缅甸国际形象、解除西方国家对缅甸制裁、吸引外资等方面，缅甸政府也必须借重于昂山素季。面对复杂的政治现实，作为议员而且已经准备竞选总统的昂山素季必须在更加全面、客观把握政局的情况下做出决断，或者对一些牵涉民族冲突的敏感事态保持平衡，甚至也要学会接受过去支持她的人的非议。另外，除了需要凸显其及民盟的组织能力、治国才能，还必须要真的能够发展缅甸的经济。昂山素季和她领导的民盟，作为反对党时是可以光批评指责别人而不需要负责，但当轮到自己来执政时，问题就要复杂得多了。目前来看，前者的表现还不能给人以足够的信心。

（四）近期内中国对缅投资将以"保持底线、观望为主、逐步改进"为主要特征

目前，中资企业在缅甸起的作用是其他国家无法取代的。一方面中资企业执行中的在缅项目，金额大且投资期长，如无大的意外将会继续执行。虽然近两年西方国家对投资缅甸表现出很浓厚的兴趣，但往往是"光打雷不下雨"。另一方面，中缅互为邻国，在资金、市场、技术等要素方面，有着切实的互补条件。中国企业投资缅甸所具有的地缘便利性、经济互补性，前期的投资基础，以及投资中所获得的经验和教训，使得中国企业在缅甸市场上仍然具有一定的优势。

但是，西方国家重返缅甸也必然对中国在当地的投资造成冲击，中资公司一方面面临着多元化的市场竞争，另一方面，西方有着所谓的"道德制高点"、成熟的公司体制和与国际接轨的网络，对缅甸的吸引力不言而喻。中国在这种环境下投资

缅甸，必然要付出比过去更多的努力。

总体而言，中国对缅投资将在较长一段时期内以"保持底线、观望为主、逐步改进"为主要特征。"保持底线"即中国竭力避免再出现第二个密松事件，避免中缅油气管道受到重大冲击，这个应该是中国方面的底线。底线之上，争取密松大坝复工的工作也不会停止。如果不出现其他大的意外，现有的中国投资项目将会将继续推进。"观望为主"即会继续观察缅甸政治经济社会转型的进程和结果，这个过程可能要到2015年大选尘埃落定甚至更远，以及在这之前这一过程中对中国在缅投资项目的影响。可以理解的是，在前文分析的重大问题没有解决之前，相关局势没有明朗之前，中国政府和企业对于保持前几年对缅投资的规模和增速都会心存疑虑，难以逆转从2012年以来对缅投资的低位趋势。而"逐步改进"主要是在两方面：一是在政府方面加强对中国企业在经营行为、环境要求和社会公共关系建设等方面的引导；二是在企业方面会在经营策略、环境保护、发挥企业社会责任等方面加强重视和建设，并对投资经营活动过程中的政治经济和社会风险加强应对。

结　论

缅甸新政府上台以来，其内政外交均发生重大变化。虽然当前缅甸经济的发展前景存在一些不确定性，但总的来看其前景向好。如未来几年内不出现大的政治倒退，新政府尤其是军队势力能和昂山素季领导的民盟稳定共存或"斗而不破"，中央政府和民地武的冲突在可控范围之内，缅甸的总体局势将会比较平稳。从近两年来新政府出台的经济政策和法律法规来看，缅甸政府对发展经济、吸纳外资的重视程度将会维持下去，缅甸市场的成熟程度将会逐步提高，投资经营环境将会朝更规范、更开放、更符合国际惯例的方向逐步改善。当前的缅甸市场，总体上处于方兴未艾、风险与机遇并存的时期，肯定也避免不了转型时期的摩擦和纠纷，中国企业需要更多的是冷静分析、积极面对，也要客观看到这种转型给中国对缅投资可能带来的新机遇。

附录二

中国对缅甸的投资与援助：基于调查问卷的分析[*]

卢光盛　李晨阳　金　珍

【摘　要】 缅甸政治经济的转型给我国对缅投资与援助工作造成了冲击和影响。云南大学缅甸研究中心于 2013 年 7~8 月组织了关于"中国对缅投资与援助"的问卷调查。问卷调查的内容集中在四个方面：缅甸民众对中国投资与援助的总体态度；对于中国在缅甸重大项目的调查；缅甸民众对于国际投资和援助的态度；今后中国将如何在缅开展投资和援助。从调查的结果来看，当前缅甸一些民众对中国在缅投资援助存在较大的负面看法，中国在缅投资的一些大型项目在一定程度上缺乏民意的支持。但是，缅甸民众仍然普遍希望中国继续加大对缅投资和合作，同时希望中国企业能够改变投资的领域和运作方

---

[*] 该文修订后发表于《南亚研究》2014 年第 1 期。

式，更多投向惠及民生的项目。

【关键词】 中国对缅投资援助　调查问卷　社会舆情

一　问卷调查的基本情况

为深入和准确了解目前缅甸社会对中国在缅甸的投资及援助的看法，把握今后缅甸社会对国际社会尤其是对中国的需求，以及缅甸民众希望中国在缅做哪些方面的工作，云南大学缅甸研究中心于2013年7~8月组织了关于"中国对缅投资与援助"的问卷调查工作。调查问卷共有24道题目（具体题目附后）。其中，针对缅甸普通民众的调查问卷采用缅文版，发放50份。在仰光、曼德勒各20份，内比都10份；针对缅甸NGO工作者的调查问卷则采用英文版，原计划同样在仰光、曼德勒各发放20份，内比都10份，但是调查的过程中发现，缅甸大部分NGO的办公地集中在仰光和曼德勒，而内比都的主要居民为政府官员及其家属，未能联系到在内比都定居的NGO工作人员。因此，针对缅甸NGO的问卷调查只在仰光和曼德勒进行。

调查完成之后，云南大学缅甸研究中心对所有问卷进行了统计整理和分析。需要特别说明的是，本文下面的统计结果严格遵循原始统计来源，不代表笔者和所在机构的立场。

此次问卷调查，共收回86份有效问卷，具体分布见附表1。

附表1 问卷调查的基本情况统计

	市 民	NGO	总 计
内比都	10	0	10
仰 光	20	11	31
曼德勒	20	25	45
总 计	50	36	86

二 "中国对缅投资与援助的调查问卷"的调查结果

(一) 缅甸民众对中国投资与援助的总体态度

调查缅甸民众对中国投资与援助的总体态度，主要涉及问卷中第1、4、5、6、7、8、9题，共计7道题目。

关于"1988年以来中国对缅投资和援助在数量上"，有31人认为过多；20人认为过少；18人认为适中；8人则补充了其他意见，认为投资过多，援助适中或是过少，甚至认为没有援助；另有2人表示"不透明，不清楚"。

关于"你认为中国对缅甸的投资和援助的主要目的是什么？"（参见附表2）。65人认为主要是"为了开发缅甸的资源"，占总调查人数的75.5%。19人认为"既想开发缅甸的资源，也想帮助缅甸的经济发展"，仅有曼德勒地区的2位市民认为"主要是帮助缅甸的经济发展"。从地区来看，第一项也是被调查者的首选，在内比都、仰光和曼德勒分别有 6 人、21 人和 38 人选择第一项，分别占到三个地区被调查人数的 60%、67% 和 84%。仰光和曼德勒的 31 位 NGO 工作者选择第一个选项，占到参与调查的 NGO 工作者总人数的 86.1%，50 位市民中有 34 人选择第一项，占到 68%。

附表 2　关于"中国对缅甸的投资和援助的主要目的"调查结果

	内比都	仰光		总计		
	市民	市民	NGO			
主要是为了开发缅甸的资源	6	13	8	15	23	65
主要是帮助缅甸的经济发展	0	0	0	2	0	2
既想开发缅甸的资源，也想帮助缅甸的经济发展	4	7	3	3	2	19

关于"中国 21 世纪以来不断加大对缅投资和援助的力度对中缅关系的影响"，有 36 人认为消极影响大于积极影响，35 人认为不好说，5 人认为积极影响大于消极影响，10 份没有给出答案。

"对于中国在缅甸的投资和援助"表示"很欢迎"和"比较欢迎"的有 42 人，占总调查人数的 50.6%（参见附表 3）。22 人"表示不欢迎"，9 人无所谓，9 厌恶和拒绝。另有内比都的两位市民没有选择提供的选项，而是补充意见表示"如果是双赢项目我们会欢迎的"，仰光的两位市民没有填写答案。

附表 3 "中国在缅甸的投资和援助态度"的调查结果

	内比都	仰光		曼德勒		总计
	市民	市民	NGO	市民	NGO	
很欢迎	1	10	1	4	1	17
比较欢迎	3	1	3	7	11	25
不欢迎	1	6	5	3	7	22
厌恶和拒绝	1	1	2	3	2	9
无所谓	2	0	0	3	4	9

关于"当前缅甸一些政要曾公开表示不能忘恩负义，要感恩中国过去对缅甸的帮助，你觉得这种说法？"（参见附表4）。共有 71 人"认为这种说法不妥当，因为中国帮助的主要是军政府，而不是民众"，占总调查人数的 82.5%；12 人表示"这种说法有一定的合理性，中国确实帮助了缅甸，不管是帮政府还是民众"，占 14%；另有 1 人没有给出答案，1 人表示不清楚，1 位仰光的市民表示"我没有把那些援助看成是援助，因为只有政府发财，所以不是援助，中国是想要利益报酬才做的投资"。从地区来看，内比都、仰光、曼德勒三个城市的被调查者选择第一项的比例分别为 70%、83.9%、84.4%。36 位在 NGO 组织工作的被调查者中，32 人选择第一个选项，占到 88.9%。50 位市民中有 39 人选择第一项，占到 78%。

附表 4 "要感恩中国过去对缅的帮助"的调查结果

	内比都	仰光		曼德勒		总计
	市民	市民	NGO	市民	NGO	
不妥当	7	17	9	15	23	71
有一定的合理性	2	2	1	5	2	12

对于"缅甸社会各界对中国在缅甸的投资项目普遍不满意的原因（可多选）"，"破坏当地环境""项目缺乏足够的透明度""中国企业只和缅各级政府打交道，不直接面对当地社团和民众""过于集中在资源开发领域""只注重一次性赔偿，未解决项目所在地民众的可持续发展问题"这五项被认为是主要的原因，分别有63、61、57、53、47票。而"中国企业履行社会责任不够""征地、赔偿标准过低""破坏当地传统文化""征地款、赔偿款未及时发放到项目所在地民众手中""中国企业履行社会责任不专业，费力不讨好"分别有37、34、31、26、20票，也占到了较高的比例；"缅甸部分民众把对军队和政府的不满转嫁到中国的投资项目"有13票。

关于"缅甸社会各界对中国的援助不满的原因或者说援助、捐赠未能发挥应有作用的原因（可多选）？"，"援助和捐赠都直接给缅甸政府甚至官员本身，缅甸媒体和老百姓不知道""援助和捐赠都是针对政府的大项目，很少有关注缅甸民生的项目，缅甸老百姓未能从中受益"这两项分别有63票和54票，占总人数的73.2%和62.8%。"只注重一次性捐钱，不注重捐物，而且不举行必要的仪式，社会影响小""中国政府和企业不知道如何宣传，不知道如何争取当地媒体的支持"这两项各有13票。另外"援助和捐赠不专业，工作做得不到位"也有4票。

（二）针对中国在缅甸重大项目的调查

针对中国与缅甸合作的四项重大项目的调查主要涉及问卷中第10、16、17、18和19题，共计5题。

关于"密松水电站被搁置的原因（可多选）"（参见附表5），缅甸民众"担心项目对生态环境以及可能引发的自然灾害"成为首选，有71票，占总人数的82.6%。其次，"项目缺乏透明度"有50票。再次，"中电投（CPI）在项目运作方面存在的不足，环境影响评估和社会影响评估都做得不够好"有26票。而其他选项"社会舆论对吴登盛政府的巨大压力""中电投选择的缅甸合作企业不是很合适""吴登盛政府和昂山素季为了讨好和迎合美国""克钦独立军与缅政府的矛盾激化""西方NGO的挑唆离间"分别有16、10、9、7、3票。值得注意的是，有来自仰光NGO的3位工作者选择了"西方NGO的挑唆离间"这一项。另有仰光的两位市民补充了看法，一位认为：该项目涉及了缅甸的命脉伊洛瓦底江，影响缅甸的长远利益，所以缅甸人民不会接受。另一位认为：因为几乎把所有的电都卖给中国。在曼德勒NGO组织的一位工作者也表示：最重要的是所有缅甸人都热爱伊洛瓦底江，不希望有任何理由来破坏它。

附表5 "密松水电站被搁置的原因（可多选）"调查结果统计

	内比都	仰 光	曼德勒	总 计
克钦独立军与缅政府的矛盾激化	2	4	1	7
吴登盛政府和昂山素季为了讨好和迎合美国	2	7	0	9
西方 NGO 的挑唆离间	0	3	0	3
社会舆论对吴登盛政府的巨大压力	2	7	7	16
项目缺乏透明度	2	19	29	50
缅甸民众担心项目对生态环境以及可能引发的自然灾害	6	25	40	71
中电投（CPI）在项目运作方面存在的不足，环境影响评估和社会影响评估都做得不够好	1	13	12	26
中电投选择的缅甸合作企业不是很合适	0	5	5	10

对于"你认为密松水电站可能重启吗？"这个问题的回答结果（参见附表6），认为"不能重启，因为这个项目对缅甸的消极影响是显而易见的"的选项有66票，占到总调查人数的77%；同时，认为"只要做好了环境和社会影响评估，解决了缅甸人民的疑虑，是可以重启的"有11票，占12.8%；认为"无所谓，这主要是政府的事情"有9票，占10.5%。从地区来看，三个城市的被调查者选择"不能重启"的人数

占地区总人数的比重分别为 30%、80.6%、84.5%；选择"可以重启"的比重分别为 30%、16.1%、6.7%；选择"无所谓"的比重分别为 40%、3.2%、8.9%。认为"不能重启"的 NGO 工作者有 29 位，占 NGO 调查者的 80.6%，市民有 37 位市民，占市民调查者的 74%。

附表 6 "你认为密松水电站可以重启吗？"调查结果统计表

	内比都	仰光		曼德勒		总计
	市民	市民	NGO	市民	NGO	
不能重启	3	17	8	17	21	66
可以重启	3	2	3	1	2	11
无所谓	4	1	0	2	2	9

关于"你认为莱比塘铜矿事件（可多选）"时，"包括莱比塘铜矿在内的所有在军政府时期签署的外来投资项目都要重新审查，审查通过之前都要暂停施工或者运营"有 57 票，认为"昂山素季领导的调查委员会提交的调查报告比较客观、理性，符合缅甸的国家利益"有 46 票，"是项目所在地的民众为了维护自己的权益而组织的合法活动"有 30 票。"主要是一些激进政治势力在背后煽动"有 6 票，持这一观点的有来自这个三个城市的市民，也有两位在仰光 NGO 组织的工作者。

对于"你认为中缅油气管道对中缅两国而言是互利共赢的项目吗？"（参见附表 7），有 48 人认为不是，有 22 人认为

"虽然缅甸也能从该项目中获得巨大的利益,但不是缅甸最急需的"。10 人认为"是中缅互利双赢的项目"。另有两位仰光的市民补充了看法,一位认为:(该项目)对人民来说不是(双赢项目),对政府来说是。另一位认为:不管是从哪个方面看,只对中国有更多的利益。

附表 7 "你认为中缅油气管道对中缅两国而言是互利共赢的项目吗?"的调查结果

	内比都	仰光		曼德勒		总计
	市民	市民	NGO	市民	NGO	
是	3	2	1	1	3	10
不是	2	11	5	13	17	48
虽然缅甸也能从该项目中获得巨大的利益,但不是缅甸最急需的	5	4	4	4	5	22

关于"你赞同修建昆明—皎漂的铁路和公路并把皎漂建设成为缅甸西部最重要的商品进出口基地吗?",32 人表示"不同意,这个项目只是中国需要的,对缅甸而言不急迫",23 人表示"希望中国首先帮助缅甸改建仰光—内比都—曼德勒铁路,然后再来谈昆明—皎漂铁路",21 人表示"只要中国能承担建设费用,并给缅甸一些配套的优惠,而且中国只谋求这个项目的经济用途,这个项目是可以合作的",14 人认可"同意,这个项目对缅甸的社会经济发展作用巨大"。

(三) 缅甸对于国际投资和援助态度

缅甸对于国际投资和援助的态度主要涉及问卷第 13、14、15 和 20 题，共计 4 题。

问及"如果同时有来自中国和西方国家的投资和援助，请问你首先选择时"，无人将中国的投资和援助作为首选，72 人选择"不管投资和援助来自哪里，主要看具体的项目是否符合缅甸的利益"。16 人选择"西方国家的投资和援助"，包括了曼德勒的 8 票，仰光的 7 票，内比都的 1 票。

关于"你认为西方国家对缅甸的投资和援助在近期会大量到来吗？"，选择"会的，因为缅甸开放、民主了"和"不好说"的民众各有 32 人，有 21 人认为"不会，因为缅甸的投资环境并不够好"。

关于"你认为缅甸社会各界目前对待外来投资的态度是否足够理性"，41 人认为"总体上比较理性，但有不理性之处，而且这种非理性活动可能会严重影响外国投资缅甸的信心"，19 人认为不理性，14 人认为很理性。

问及"希望国际社会帮助缅甸解决哪些问题？"，问卷提供了 15 个选项。其中，"提供必要的资金和技术，提高缅甸自身的发展能力""重点解决农村贫困问题，希望国际社会在这方面提供更多的帮助""合作开展替代种植，解决缅甸的毒品问题"，分别有 50、45 和 39 人选择。"联合打击妇女儿童的拐卖问题，保护缅甸民众的合法权益""提供政治改革和经济发展的经验、教训，帮助缅甸少走弯路""与缅甸国内的NGO开展合作，改善缅甸的民生""帮助改造缅甸的电网，解决缅甸的电力供应问题""帮助缅甸制定符合实际情况的短期、中长期发展规划""帮助改善缅甸城市、农村的卫生设施，解决饮用水问题"这6个选项分别获得了37、36、35、34、32、31票的支持，表明社会民众对国际社会也有较高的期待。

而其他选项，包括"改善缅甸的基础交通设施""帮助培训缅甸的公务员和议员，提高他们的执政能力""派遣医疗组到缅甸开展免费医疗，提供必要的药品""派遣志愿者到缅甸的学校和农村，提供必要的帮助""帮助培训政党尤其是其基层组织，提高政党的能力""帮助缅甸改造金融系统，使之能与国际金融体系接轨"这6项也都获得了20票以上的支持。

除此之外，还有被调查者列举了在基础设施、教育、健康、法律法规建设、推动民主化进程以及结束政府军与民地武之间的武装冲突等方面，希望国际社会能给予缅甸更多的帮助。

（四）今后中国将如何在缅开展投资和援助

对于中国今后如何开展在缅甸的投资和援助，主要涉及问卷第2、3、11、12、21、22、23、24题，共计8题。

问及目前和今后一个时期"中国对缅投资是否需要增加"

（参见附表8），50人选择"可以增加，但要改变投向和运作方式"，26人选择"应该大量减少"，9人选择"继续增加"。另有1位曼德勒NGO的工作者补充意见，写道"不需要增加，应该做好现在的项目"。从地区来看，三个地区选择"可以增加"的人数占地区总人数的比重为60%、22.6%、82.2%；选择"大量减少"的人数比重为20%、58.1%、13.3%；选择"继续增加"的人数比重为20%、19.4%、2%。曼德勒的市民和NGO工作者，以及在仰光的NGO工作者、内比都的市民都将"可以增加"作为首选，但是仰光的市民则集中选择"大量减少"，占到该地区被调查者总人数的48.4%。

附表8 关于"中国对缅投资是否需要增加"的调查

	内比都	仰光		曼德勒		总计
	市民	市民	NGO	市民	NGO	
继续增加	2	4	2	1	0	9
应该大量减少	2	15	3	3	3	26
可以增加，但要改变投向和运作方式	6	1	6	16	21	50

关于"目前和今后一个时期，你认为中国对缅援助需要（多选题）?"，"可以增加，但要多投向民生项目"有67票，"应该继续增加，但是要增加赠款，优惠贷款利率要降低、偿还期延长"有18票，"应该大量减少"有11票。

问题11"中国应如何改善对缅投资与援助（可多选）"：

"牢固树立互利共赢理念并运用到实践当中"有61票，"遵守缅甸的法律、法规，尊重缅甸文化和风俗习惯"有42票，"从注重资源开发转移到资源开发与加工制造业相结合"和"加大对缅甸民生的改善力度"分别有37票。

问题12是"面对欧美日企业的竞争和邀请，今后中国对缅投资和援助？"，认为"可以和西方企业合作开展，以做得更好"有74票，认为"不应和西方企业合作，中国应继续独立开展对缅投资和实施援助"有5票。

调查"你对中国的NGO到缅甸从事社会公益事业的态度"：表示支持的有29票，表示无所谓的有27票，表示反对的16票。其中，在NGO工作的36位被调查者中分别有13人支持，6人反对，16人表示无所谓。有两位仰光NGO的工作者给出了他们反对的理由，一位认为是文化的原因，另一位则是因为个人对中国NGO的不信任，称中国没有真正的NGO。

关于"你对中国NGO到缅甸从事社会公益事业的效果有信心吗？"，有48人选择"说不清楚"，14人选择"没有"，10人表示有信心。

问及"如果你支持中国NGO到缅甸从事社会公益活动，应如何充分发挥中国NGO的功能（可多选）？"，"中国的NGO要和其他国家的NGO尤其是缅甸本土的NGO进行必要的合作"有61票，"借鉴和学习其他国家和地区的经验"有24票，"设立严格的评估制度"有16票，"加强培训"有15票，

"设立严格准入和退出门槛"有9票。

对于问题24,"如果中国的NGO拟在缅甸开展社会公益活动,请你推荐一批可供选择的项目(包括地点、项目名称、实施对象、时间、所需资金数量)"。除了个别在NGO的工作者提供了具体的项目外,一般调查者只是提出在教育、卫生医疗、农村脱贫、环保等方面希望得到帮助,并且强调必须使缅甸民众获得真正的实惠。

三 "中国对缅投资与援助的调查问卷"调查结果分析

(一)缅甸民众对中国在缅投资与援助存在着较大的负面看法

由于问卷设计的关系,不少调查者在问卷中提出应该将"中国对缅投资"和"中国对缅援助"区别来看。参与调查的民众较为普遍地对中国近20年来在缅投资存在不满,而对于中国对缅援助的信息表示了解较少,认为中国对缅援助也是有很强的功利性,旨在以援助为条件获得更多的经济利益。

中国在缅甸投资的形象不佳,主要原因在于多年来中国在缅甸的投资多是大型国有企业投资的工程性、资源类企业,中国公司只和缅政府亲近,不和缅甸老百姓打交道。给缅甸民众一种印象，中国企业是来给缅甸军政府做生意的，受惠的主要是政府官员，而民众受益很少，缅甸一些民众把对政府的不满转化为对中国的不满。中国多年来在缅投资资源板块居多的现实，也使得不少缅甸人对中国资本存在误会。中国许多小企业之前在缅甸唯利是图，也给缅甸民众留下了不好的印象。①

而此前中资企业多年参与缅甸工业、社会工程、基础设施建设等，直接惠及民生，获得许多社会效益。但是中国大量援助工程"只做不说"，放在政府层面操作，普通缅甸民众并不了解，因此也没有感激之情。民间感情交流的缺失加上对资源流失的敏感，使一些民众听到有关中国企业的传闻后容易轻信，只要有人煽动，这种不满情绪就会扩大，最后中资企业便成众矢之的。

另外，根据调查者在问卷中补充的答案来看，由于中国的一些价格低廉，但是质量比较次的产品出口到缅甸，缅甸人有非常大的怨言。在缅甸民众眼中中国制造成为假冒伪劣商品的代名词，进而影响到了整个中国在当地的声誉。

（二）中国在缅投资的一些大型项目在一定程度上缺乏缅甸民意的支持

从调查的结果来看，有些民众指出密松水电站被搁置是因

---

① 《中资在缅甸：不光会投资，还要会公关》，一财网，2013-08-27，http：//www.yicai.com/news/2013/08/2965907.html。

为存在着复杂的政治博弈，但是有更多的民众担心电站会破坏伊洛瓦底江的生态环境，并认为项目不透明。项目缺乏公开和透明，确实可能是中国在执行密松投资时的瑕疵点，但这也要考虑到当时的缅甸政府对信息强力管制的特殊背景。① 对环保问题，中国投资方也非常重视。负责密松电站项目的中电投集团根据缅甸政府的要求，采用世界银行和亚洲开发银行的环境影响评估标准，委托缅甸的环境保护非政府组织和长江设计公司共同牵头完成了环境评估。从目前缅甸的舆论环境看，部分非政府组织因对政府缺乏信任，又受西方媒体影响很大，极少传递有关中国投资的正面信息，甚至对上述环境评估报告等根本不知。② 不过，从问卷调查来看，在水电站的重启问题上缅甸仍然有多种声音，项目重启在缅甸有可能争取到更大的民意支持。只是目前很多缅甸民众并未能获得有关这一项目的更真实、全面的信息，特别是对中国投资方履行社会责任、对当地社会的贡献等了解不够。

而"莱比塘铜矿事件"的调查结果，反映出缅甸民众对于在军政府时期签署的外来投资项目存在普遍的不满，对于昂山素季领导的调查委员会提交的调查报告，民众比较广泛地表

---

① 《近探密松》，人民网，2013 - 08 - 23，http://paper.people.com.cn/zg-nyb/html/2013 - 08/26/content_ 1290349.htm。

② 《中国投资显著改善缅甸民生》，人民网，2011 - 10 - 07，http://world.people.com.cn/GB/15815701.html。

示了认可。

针对中缅油气管道项目、昆明—皎漂的铁路和公路,以及皎漂港转口基地的调查,结果显示缅甸民众对于这些项目的认可度不是很高。较多的民众认为这些项目主要是中国获利,对于缅甸而言获利甚少,并不是缅甸急于实施的项目。其中,有位在仰光NGO组织的工作者在"中缅油气管道"问题上,没有选择题目给出的选项,而是补充意见写道"我对于这个问题不是很清楚,因为我没有看到当地社区的发展(I am uncertain to that question but I don't see the development of local community there)"。笔者认为这种观点在调查中比较有代表性。总体感觉,缅甸普通市民,以及在缅甸NGO的工作者,在看待中国投资项目时,往往从当地民众是否能获利来思考,而不是站在国家发展的前景考虑,比较看重的是局部利益,而不是全局利益,比较看重当前利益,而不是长远利益。

(三)缅甸民众期待国际投资和援助以提高缅甸自身的发展能力

从调查的结果来看,缅甸社会各界对于外来投资的态度总体比较理性,但也意识到缅甸国内存在一些不理性的活动正在影响着外国投资者的信心。有部分民众因为缅甸的政治经济转型,而对西方国家在缅投资和援助的增长抱有很大的期待,同时也有很多民众能够清醒地看到缅甸实际上还并不具备外资大规模进入的条件。缅甸民众普遍希望能够在农业、基础设施建设、医疗卫生、政治发展道路、金融改革等领域获得更多的国际资金和技术支持,来帮助缅甸实现自身的发展。

(四)缅甸人对中国在缅投资援助的看法存在地区的差异

此次调查由于条件的限制,只是在缅甸的三大主要城市进行,但是从调查结果来看,仍然可以看到当前缅甸民众对我国在缅投资和援助的看法存在地区差异。相比较而言,曼德勒地区对于中资项目、中资企业的看法比仰光、内比都地区更为负面。另外,值得注意的是,NGO工作者的批评态度比普通市民更为激烈。缅甸政坛和社会变化已经给中国的投资和援助带来新挑战,但是从此次问卷调查可以清晰地看到,众多缅甸民众依然希望与中国加强经济联系。

目前缅甸处于一个重大转型期,需要适应和磨合的过程,缅甸民众希望中国继续加大对缅甸的投资和合作,希望中国企业能够改变投资的领域和运作方式,更多地投向惠及民生的项目。并且认为中国企业可以和西方企业合作开展,这样在缅投资将会做得更好,这也说明缅甸民众目前对于西方企业有较高的认可度。近些年,西方公司通过NGO等各种形式的活动,注重使缅甸基层百姓受益,重视给予民众帮助和实际利益,在缅甸获得了较好的口碑。① 中国投资者应该学习，多提供一些教育、医疗等方面的投资和援助。

四 启示和建议

从调查结果可以看到，缅甸社会公众意识上升对中国企业在缅经营活动带来新要求。过去的 20 多年里，中国已经在缅甸展开了大规模投资活动。来到缅甸的中国企业与公民不断增多，由于经济利益、价值观、文化理念、生活方式和宗教信仰等方面的差异，中国人与缅甸人在交流过程中产生的碰撞和摩擦逐渐上升，令传统上缅甸对中国普遍友好的态度有下滑趋势，部分缅甸民众逐渐对中国产生了一些疏离和抵触情绪。这是近年来中国在缅投资被批评和指责的民意基础，是当前及未来中国投资者需要花大力气去应对的问题。要想保持中国投资的利益，中国必须适应这个邻国发生的变化，同时也需要调整自己的政策、策略、投资模式甚至外交方式。

（一）中国在缅投资援助被政治化、社会化趋向明显

在问卷调查中，有 66.3% 的民众支持"包括莱比塘铜矿

---

① 《中资在缅甸：不光会投资，还要会公关》，一财网，2013 - 08 - 27，http://www.yicai.com/news/2013/08/2965907.html。

在内的所有在军政府时期签署的外来投资项目都要重新审查",而中国目前在缅甸投资项目合同大多是和军政府而不是新政府("民主政府")签订的,很容易被一些缅甸人贴上"不透明""不公平"和"只对军政府和中国有利,而损害缅甸人民利益"等标签。显然,这种"有罪推定"的做法是不合理的,对中国企业也是不公平的,但却是真实存在的问题。① 中国在缅投资援助被政治化、社会化,这一趋势正是缅甸政治转型期的产物。缅甸国内民众对军政府的不满情绪在民主化浪潮推动下,转嫁到中国投资身上。中国是缅甸最大的投资国,中国的投资项目首当其冲。同时,应该看到的是,中国投资项目的政治化、社会化只是缅甸政治转型过程中对前期中国投资的利益再平衡,是特定历史时期的产物,对于中缅之间的经贸合作的前景仍然应该有信心。

(二)在缅投资援助的领域需要做出改变

仔细分析缅甸经济形势和政府的新政策导向,投资尽量向缅甸政府所引导的行业倾斜,以规避政策风险。可以多投资于农业、基础设施建设、制造业、医疗卫生等惠及民生的项目。缅甸经济是以农业为基础,缅甸尤其欢迎其他国家能加大对缅

---

① 参见卢光盛、金珍《缅甸政治经济转型背景下的中国对缅投资》,《南亚研究》2013年第3期。

甸农业以及科学技术方面的投资,中国未来对缅甸农业的投资有相当潜力。另外,制造业在缅甸经济中占比重只有20%多,比例低于其他很多东盟国家。中国可把握机会,在与缅甸制造业合作方面给予大力支持与投入。让中国优质产品进入百姓生活,赢得社会好感。

(三) 在缅投资援助的策略要有所调整

中国对缅甸的投资策略也要有所改变。对缅投资与援助要加强统筹协调,尤其是不能再让三大石油公司、五大电投这些在缅甸人看来富可敌国的大型国企一窝蜂涌入缅甸,这将会使缅甸人心存疑惧,担心其国家的经济命脉被中国控制。一般而言,每个行业有一个大型国企进入就可以,其余要发挥民营企业的作用。目前缅甸对中国大陆企业比较反感,可让部分企业到香港、澳门乃至新加坡注册之后再进入缅甸,以降低敏感度。

(四) 做好在缅项目的本土化建设

在缅投资和援助要多方面采取措施,提高项目的本土化程度,增加缅方企业和劳务在工程建设中的参与程度,使其从中获益并带动缅甸建设水平提高。建设运营期间,可培养扶持当地企业为项目生产一些简单的材料,安排当地劳动力承担一些工作,通过提高当地收入,使当地的经济得到发展,环境得到改善。通过雇用当地百姓做基层工人，招聘当地人进入管理层，用当地人管理当地人，从而减少交流中因文化、宗教信仰不同而产生不必要的麻烦。

（五）加强英缅文宣传力度

要适当扩大宣传力度，要深入了解当地社会生态和生存逻辑，充分运用当地媒体、法律和社会资源，促进公共关系。可以联系一批缅甸主流媒体、西方媒体及较有影响的 NGO 建立良好工作联系，及时提供反映建设基本情况、当地民众关注的主要事项及企业在项目中积极履行社会责任、为当地社会及民众带来实惠的新闻素材，争取通过缅甸媒体和西方媒体传递到更广泛的人群中去。要影响缅甸社会舆论，为项目顺利推进营造良好氛围。

（六）利用援外资金支持我国 NGO 赴缅开展公益活动

从现实条件和国际经验来看，要做好对外援助工作，不仅要靠政府和企业，还应充分发挥 NGO 民间身份、方式灵活、专业性强和直接面对普通民众的特点。把 NGO 境外开展公益活动纳入援外工作支持范围，发挥优势、相互补充，既能提升国家形象和软实力，也能提高援外综合效益，维护我在缅投资安全。当前可尽快在缅组织实施一批真正落到实处、惠及民生，社会影响大、辐射广的公益活动，争取早日取得明显成效。

（七）对缅投资援助甚至整个对缅工作需要时间和耐心

从吴登盛就任缅甸总统来的改革路径可以看出，其就任后的主要目标是以政治体制改革为主，经济改革为辅。这一改革路线取得了显著的成效，但当前缅甸政改也进入了攻坚阶段，受困于政体问题束缚的缅甸经济发展仍然困难重重。在缅甸政治经济转型的进程中，中国需要积极适应缅甸改革所带来的变化，对缅投资援助不能急功近利，要从长期互利共赢的角度不断调适双方的关系。同时，要高度警觉缅甸政治经济改革不确定性可能带来的潜在风险，制定好应对方案，化被动为主动。

附件　关于中国对缅投资与援助的调查问卷

为了使缅甸人民从中国政府的对缅援助和中国企业对缅投资中受益更多，特开展本项问卷调查。问卷调查的结果将以咨询报告的形式上报中国政府有关部门和企业。

注：本项问卷调查为匿名调查，请在你认为合适的选择项下划√，如果你认为所有的选项都不合适，可以写下你的新选项。

一、你认为1988年以来中国对缅投资和援助在数量上：

1. 过多（   ）   2. 过少（   ）   3. 适中（   ）

二、目前和今后一个时期，你认为中国对缅投资需要：

1. 继续增加（   ）   2. 应该大量减少（   ）

3. 可以增加，但要改变投向和运作方式（   ）

三、目前和今后一个时期，你认为中国对缅援助需要（可多选）：

1. 应该继续增加，但是要增加赠款，优惠贷款利率要降低、偿还期延长（   ）

2. 可以增加，但要多投向民生项目（   ）

3. 应该大量减少（   ）

四、你认为中国对缅甸的投资和援助的主要目的是什么：

1. 主要是为了开发缅甸的资源（   ）

2. 主要是帮助缅甸的经济发展（   ）

3. 既想开发缅甸的资源，也想帮助缅甸的经济发展（   ）

五、中国21世纪以来不断加大对缅投资和援助的力度对中缅关系的影响：

1. 积极影响大于消极影响（   ）

2. 消极影响大于积极影响（   ）

3. 不好说（   ）

六、你对中国在缅甸的投资和援助：

1. 很欢迎（   ）   2. 比较欢迎（   ）

3. 不欢迎（　　　）　　4. 厌恶和拒绝（　　　）

5. 无所谓（　　　）

七、当前缅甸一些政要曾公开表示不能忘恩负义，要感恩中国过去对缅甸的帮助，你觉得这种说法：

1. 这种说法不妥当，因为中国帮助的主要是军政府，而不是民众（　　　）

2. 这种说法有一定的合理性，中国确实帮助了缅甸，不管是帮政府还是民众（　　　）

八、缅甸社会各界对中国在缅甸的投资项目普遍不满意的原因（可多选）：

1. 过于集中在资源开发领域（　　　）

2. 项目缺乏足够的透明度（　　　）

3. 破坏当地环境（　　　）

4. 破坏当地传统文化（　　　）

5. 中国企业只和缅各级政府打交道，不直接面对当地社团和民众（　　　）

6. 征地款、赔偿款未及时发放到项目所在地民众手中（　　　）

7. 征地、赔偿标准过低（　　　）

8. 只注重一次性赔偿，未解决项目所在地民众的可持续发展问题（　　　）

9. 中国企业履行社会责任不够（　　　）

10. 中国企业履行社会责任不专业，费力不讨好（　　）

11. 缅甸部分民众把对军队和政府的不满转嫁到中国的投资项目（　　）

九、缅甸社会各界对中国的援助不满的原因或者说援助、捐赠未能发挥应有作用的原因（可多选）

1. 援助和捐赠都直接给缅甸政府甚至官员本身，缅甸媒体和老百姓不知道（　　）

2. 只注重一次性捐钱，不注重捐物，而且不举行必要的仪式，社会影响小（　　）

3. 援助和捐赠都是针对政府的大项目，很少有关注缅甸民生的项目，缅甸老百姓未能从中受益（　　）

4. 中国政府和企业不知道如何宣传，不知道如何争取当地媒体的支持（　　）

5. 援助和捐赠不专业，工作做得不到位（　　）

十、密松水电站被搁置的原因（可多选）：

1. 克钦独立军与缅政府的矛盾激化（　　）

2. 吴登盛政府和昂山素季为了讨好和迎合美国（　　）

3. 西方 NGO 的挑唆离间（　　）

4. 社会舆论对吴登盛政府的巨大压力（　　）

5. 项目缺乏透明度（　　）

6. 缅甸民众担心项目对生态环境以及可能引发的自然灾害（　　）

7. 中电投（CPI）在项目运作方面存在的不足，环境影响评估和社会影响评估都做得不够好（　　）

8. 中电投选择的缅甸合作企业不是很合适（　　）

十一、中国应如何改善对缅投资与援助（可多选）：

1. 从注重资源开发转移到资源开发与加工制造业相结合（　　）

2. 牢固树立互利共赢理念并运用到实践当中（　　）

3. 加大企业履行社会责任力度（　　）

4. 加大对缅甸民生的改善力度（　　）

5. 遵守缅甸的法律、法规，尊重缅甸文化和风俗习惯（　　）

6. 借鉴日本的经验，派遣专业的NGO帮助对缅投资企业更好地履行社会责任（　　）

十二、面对欧美日企业的竞争和邀请，今后中国对缅投资和援助：

1. 可以和西方企业合作开展，以做得更好（　　）

2. 不应和西方企业合作，中国应继续独立开展对缅投资和实施援助（　　）

十三、如果同时有来自中国和西方国家的投资和援助，请问你首先选择：

1. 西方国家的投资和援助（　　）

2. 中国的投资和援助（　　）

3. 不管投资和援助来自哪里，主要看具体的项目是否符合缅甸的利益（　　）

十四、你认为西方国家对缅甸的投资和援助在近期会大量到来吗？

1. 会的，因为缅甸开放、民主了（　　）

2. 不会，因为缅甸的投资环境并不够好（　　）

3. 不好说（　　）

十五、你认为缅甸社会各界目前对待外来投资的态度是否足够理性：

1. 很理性（　　）

2. 不理性（　　）

3. 总体上比较理性，但有不理性之处，而且这种非理性活动可能会严重影响外国投资缅甸的信心（　　）

十六、你认为莱比塘铜矿事件（可多选）：

1. 是项目所在地的民众为了维护自己的权益而组织的合法活动（　　）

2. 主要是一些激进政治势力在背后煽动项目所在地（　　）

3. 昂山素季领导的调查委员会提交的调查报告比较客观、理性，符合缅甸的国家利益（　　）

4. 包括莱比塘铜矿在内的所有在军政府时期签署的外来投资项目都要重新审查，审查通过之前都要暂停施工或者运营（　　）

十七、你认为密松水电站可能重启吗？

1. 只要做好了环境和社会影响评估，解决了缅甸人民的疑虑，是可以重启的（   ）

2. 不能重启，因为这个项目对缅甸的消极影响是显而易见的（   ）

3. 无所谓，这主要是政府的事情（   ）

十八、你认为中缅油气管道对中缅两国而言是互利共赢的项目吗？

1. 是（   ）

2. 不是（   ）

3. 虽然缅甸也能从该项目中获得巨大的利益，但不是缅甸最急需的（   ）

十九、你赞同修建昆明—皎漂的铁路和公路并把皎漂建设成为缅甸西部最重要的商品进出口基地吗？

1. 同意，这个项目对缅甸的社会经济发展作用巨大（   ）

2. 不同意，这个项目只是中国需要的，对缅甸而言不急迫（   ）

3. 只要中国能承担建设费用，并给缅甸一些配套的优惠，而且中国只谋求这个项目的经济用途，这个项目是可以合作的（   ）

4. 希望中国首先帮助缅甸改建仰光—内比都—曼德勒铁路，然后再来谈昆明—皎漂铁路（   ）

二十、你希望国际社会帮助缅甸解决哪些问题（可多选）：

1. 改善缅甸的基础交通设施（　　　）

2. 提供政治改革和经济发展的经验、教训，帮助缅甸少走弯路（　　　）

3. 帮助缅甸制定符合实际情况的短期、中长期发展规划（　　　）

4. 提供必要的资金和技术，提高缅甸自身的发展能力（　　　）

5. 帮助缅甸改造金融系统，使之能与国际金融体系接轨（　　　）

6. 重点解决农村贫困问题，希望国际社会在这方面提供更多的帮助（　　　）

7. 帮助培训缅甸的公务员和议员，提高他们的执政能力（　　　）

8. 帮助培训政党尤其是其基层组织，提高政党的能力（　　　）

9. 帮助改造缅甸的电网，解决缅甸的电力供应问题（　　　）

10. 帮助改善缅甸城市、农村的卫生设施，解决饮用水问题（　　　）

11. 合作开展替代种植，解决缅甸的毒品问题（　　　）

12. 联合打击妇女儿童的拐卖问题，保护缅甸民众的合法

权益（   ）

13. 派遣医疗组到缅甸开展免费医疗，提供必要的药品（   ）

14. 派遣志愿者到缅甸的学校和农村，提供必要的帮助（   ）

15. 与缅甸国内的NGO开展合作，改善缅甸的民生（   ）

16. 其他领域，请具体列举：

二十一、你对中国的NGO到缅甸从事社会公益事业的态度：

1. 支持（   ）   2. 反对（   ）   3. 无所谓（   ）

二十二、你对中国NGO到缅甸从事社会公益事业的效果有信心吗？

1. 有（   ）   2. 没有（   ）   3. 说不清楚（   ）

二十三、如果你支持中国NGO到缅甸从事社会公益活动，应如何充分发挥中国NGO的功能（可多选）：

1. 设立严格准入和退出门槛（   ）

2. 设立严格的评估制度（   ）

3. 加强培训（   ）

4. 借鉴和学习其他国家和地区的经验（   ）

5. 中国的NGO要和其他国家的NGO尤其是缅甸本土的NGO进行必要的合作（   ）

二十四、如果中国的NGO拟在缅甸开展社会公益活动，请你推荐一批可供选择的项目（包括地点、项目名称、实施对象、时间、所需资金数量）：

_____
_____
_____
_____

后 记

本报告是在本人主持的2013年国家社科基金项目"缅甸政治经济转型对中国在缅投资的影响与对策研究"（编号：13BGJ007）基础上修改完成的成果。该项目于2013年6月获得批准，于2016年4月通过结项（证书号：20160690）。感谢国家社科基金项目对本项研究的支持；感谢本项目结项阶段5位匿名评审专家的宝贵意见。

该项目的课题组成员包括：李晨阳、毕世鸿、祝湘辉、邹春萌、金珍、梁晨。博士生张励、宋少军和硕士生邓涵也参与了资料搜集整理和部分研究及写作工作。感谢课题组成员和这几位同学的辛勤工作和大力支持。

本报告基本内容完成于2015年10月，此后缅甸大选及新政府上台，本报告已经对新的情况进行了适当的补充和修改，但由于时间仓促等方面原因，对新情况的研究工作还需继续开展。

本报告观点只代表研究者的个人观点，不代表所在机构的立场。报告中参考了国内外有关学者、机构的部分成果，文中已尽量用注释加以说明，本人对此深表感谢。对于文中存在的不足和问题，欢迎批评指正。

卢光盛

2016 年 6 月 8 日于

云南大学映秋院

图书在版编目(CIP)数据

缅甸政治经济转型对中国在缅投资的影响与对策研究 /
卢光盛著. -- 北京：社会科学文献出版社，2016.8
（云南大学周边外交研究中心智库报告）
ISBN 978 - 7 - 5097 - 9494 - 4

Ⅰ.①缅… Ⅱ.①卢… Ⅲ.①缅甸 - 政治 - 影响 - 中国 - 对外投资 - 研究②缅甸 - 转型经济 - 影响 - 中国 - 对外投资 - 研究　Ⅳ.①D733.721②F133.7③F832.6

中国版本图书馆 CIP 数据核字（2016）第 164784 号

·云南大学周边外交研究中心智库报告·
缅甸政治经济转型对中国在缅投资的影响与对策研究

著　　者 / 卢光盛

出 版 人 / 谢寿光
项目统筹 / 宋月华　杨春花
责任编辑 / 孙以年　侯培岭

出　　版 / 社会科学文献出版社·人文分社（010）59367215
　　　　　　地址：北京市北三环中路甲29号院华龙大厦　邮编：100029
　　　　　　网址：www.ssap.com.cn
发　　行 / 市场营销中心（010）59367081　59367018
印　　装 / 北京季蜂印刷有限公司

规　　格 / 开　本：787mm×1092mm　1/16
　　　　　　印　张：13.5　字　数：132千字
版　　次 / 2016年8月第1版　2016年8月第1次印刷
书　　号 / ISBN 978 - 7 - 5097 - 9494 - 4
定　　价 / 59.00元

本书如有印装质量问题，请与读者服务中心（010-59367028）联系

▲ 版权所有 翻印必究